LE

FERMIER

ET LA LOI

PAR

M. VICTOR EMION

AVOCAT, RÉDACTEUR DE L'*Écho agricole*

Prix : UN FRANC

Extrait de la *Revue pratique de Droit français*.

PARIS

A. MARESCQ AÎNÉ, LIBRAIRE-ÉDITEUR

17, RUE SOUFFLOT, 17

1873

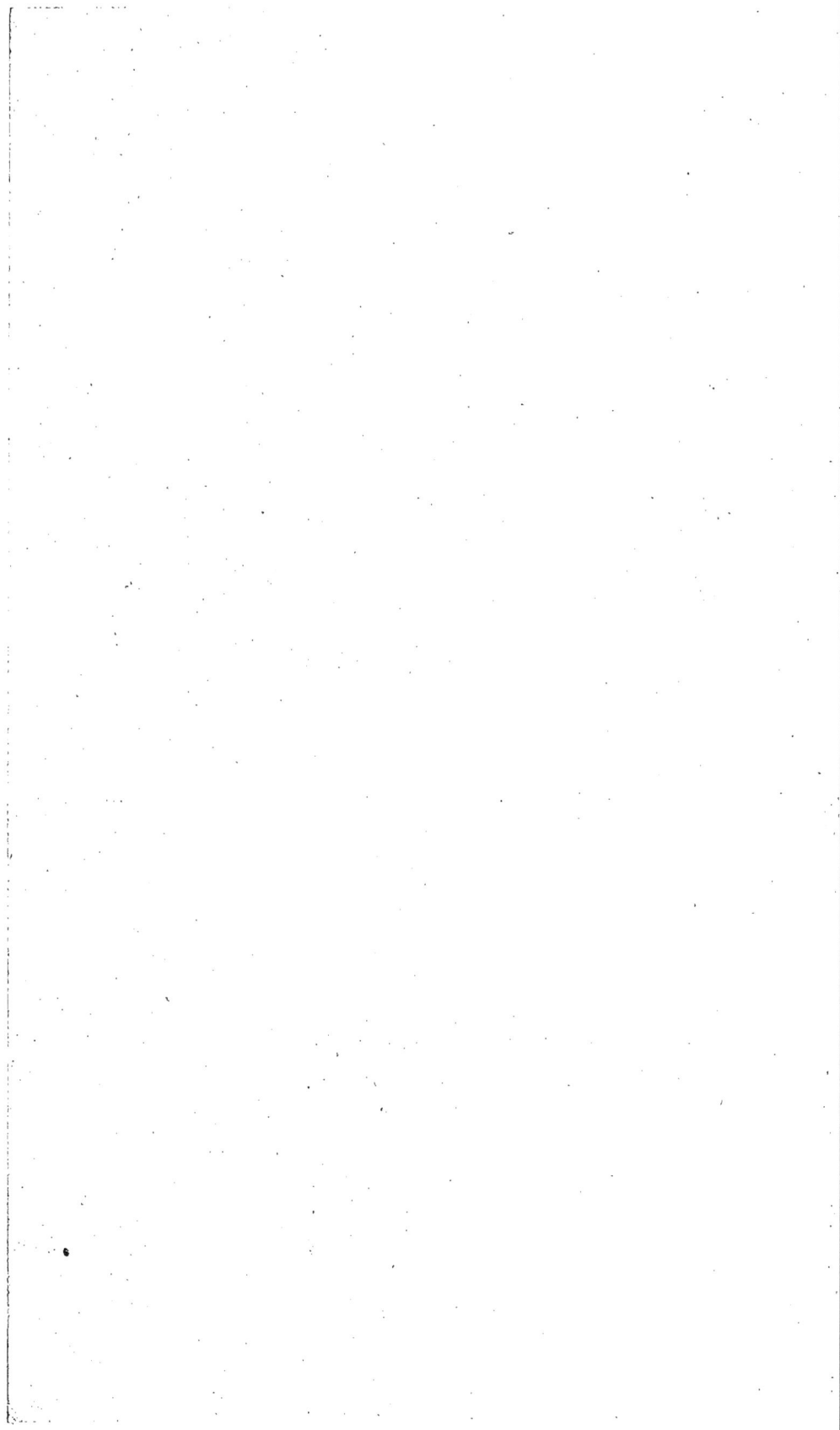

LE

FERMIER ET LA LOI

CORBEIL. — Typ. et ster. de CRÉTÉ FILS.

LE

FERMIER

ET LA LOI

PAR

M. VICTOR EMION

AVOCAT, RÉDACTEUR DE L'*Écho agricole*

Extrait de la *Revue pratique de Droit français*.

PARIS

A. MARESCQ AÎNÉ, LIBRAIRE-ÉDITEUR

17, RUE SOUFFLOT, 17

—

1873

LE FERMIER ET LA LOI

I

Questions posées.

Depuis longtemps déjà, on se préoccupe avec juste raison des inconvénients que présentent, au point de vue de l'agriculture, les baux de courte durée et du préjudice qu'éprouve le fermier lorsque, après avoir fait, durant le bail, des dépenses considérables d'amélioration, il quitte la ferme sans obtenir aucune indemnité.

Dès 1835, le législateur reconnut la nécessité de favoriser les baux à long terme. La loi du 25 mai 1835 décida (article unique) que « les communes, hospices et tous autres établis-« sements publics pourraient aliéner leurs biens ruraux pour « 18 ans et au-dessous, sans autres formalités que celles pres-« crites pour les baux de 9 ans. » C'était là une dérogation importante à la législation existante alors, législation d'après laquelle les baux au delà de 9 ans donnaient lieu à des formalités nombreuses et compliquées (1).

Seize ans plus tard, le législateur confirmait le principe admis en 1835. En effet, la loi du 7 août 1851 porte, art. 8 : « La commission des hospices et hôpitaux règle par ses déli-« bérations les conditions des baux et fermes de ces biens, « lorsque leur durée n'excède pas 18 ans pour les biens ruraux « et 9 ans pour les autres (2). »

Lors de la grande enquête agricole de 1867, de nombreuses plaintes furent élevées contre la brièveté des baux et la perte éprouvée par le fermier qui fait, sur la terre louée par lui, des dépenses plus ou moins considérables d'amélioration. M. du Miral, chargé d'adresser un rapport à la commission supérieure, disait : « C'est une vérité évidente et incontestée « que la brièveté des baux est un obstacle aux progrès de l'a-

---

(1) Loi des 5-11 février 1791. — Arrêté du gouvernement du 7 germinal an IX. — Ordonnance du 7 octobre 1818.
(2) Voir également le décret du 25 mars 1852.

« griculture, tandis que leur longue durée les favorise; » et il ajoutait dans la séance du 18 mars 1870 : « Rien, à mon avis, « n'est de nature à faire progresser l'agriculture et à encou- « rager les améliorations agricoles de la part du fermier « comme la longue durée des baux ; pas un fermier prudent « n'entreprendra la transformation d'une grande propriété « rurale, s'il n'entrevoit la possibilité, au moyen de la durée « de son bail, de récupérer, dans les dernières années de son « fermage, les avances qu'il aurait faites dans les premières « années (1). »

En 1870, M. Gagneur, député du Jura, usant du droit d'initiative parlementaire, présenta le projet suivant :

Art. 1. — A l'expiration du bail, le fermier sortant, lorsqu'il aura réalisé des améliorations foncières permanentes, pourra réclamer les deux tiers de la mieux-value.

Art. 2. — Seront considérées comme améliorations permanentes, toutes celles qui subsisteront encore au moment de la sortie, telles que fertilité acquise, marnages, drainages, fossés, routes, plantations, constructions, etc.

Art. 3. — Les améliorations qui ne sont pas spéciales à la culture, et qui pourraient grever trop lourdement le propriétaire, ne pourront être entreprises que de son consentement.

Art. 4. — Le règlement de l'indemnité due au fermier aura lieu au moyen de deux expertises, l'une faite au moment de l'entrée en jouissance, l'autre au moment de la sortie.

Art. 5. — Le propriétaire, sauf conventions contraires, pourra se libérer vis-à-vis de son fermier, au moyen de dix annuités égales, comprenant le capital et les intérêts des sommes fixées par les arbitres.

Art. 6. — Les droits d'enregistrement sur les baux à ferme, de plus de neuf années, se calculeront en proportion décroissante de la durée des baux. — Dans tous les cas, ces droits devront être perçus, année par année, comme cela se pratique pour la propriété foncière.

Art. 7. — Le fermier sortant conservera un privilége sur son ancienne ferme, tant que sa créance pour améliorations ne sera pas soldée (2).

(1) *Enquête agricole*, 1ʳᵉ série. — *Documents généraux*, etc., tome IV, p. 365 et 400.
(2) *Journal d'agriculture pratique*, 1870, tome I, p. 505.

Ce projet n'avait pas encore fait l'objet d'une discussion en séance publique lorsque survinrent les événements de 1870.

En 1872, la société des agriculteurs de France fut consultée sur la question des indemnités dues aux fermiers sortants pour les améliorations non épuisées. M. Pluchet, membre de la Société centrale d'agriculture et du conseil de la Société des agriculteurs, fit sur cette question un rapport fort intéressant qui, après avoir été soumis à la commission du Code rural de la Société des agriculteurs de France et approuvé par le conseil de la société, fut envoyé aux comices, aux associations agricoles et aux juges de paix, avec un questionnaire ainsi conçu :

I. Vous paraît-il désirable et possible d'introduire en France l'usage d'indemniser le fermier sortant des améliorations par lui faites sur la propriété qu'il a exploitée, et non encore épuisées par sa jouissance ?

II. En cas d'affirmative, quelles seraient les améliorations susceptibles de donner lieu à une indemnité ?

III. Doit-on y comprendre notamment et dans quelle mesure, celles concernant :

1° L'accroissement de la fécondité du sol ;

2° L'assainissement ;

3° Les défrichements ;

4° Les plantations ;

5° La viabilité ;

6° Les constructions ?

IV. Comment ces améliorations devront-elles être constatées ? y aurait-il lieu de procéder à une expertise au commencement et à la fin du bail ?

V. Sur quelles bases l'indemnité serait-elle fixée ?

VI. Comment, par qui et dans quels délais devrait-elle être payée ?

VII. Par quels moyens cette pratique pourrait-elle être propagée en France, comme elle l'est dans certains comtés d'Angleterre ?

VIII. Existe-t-il, dans la localité, des clauses de bail ou des usages qui déterminent une indemnité en faveur du fermier sortant ?

IX. S'il n'en existe pas, quelles pourraient être, eu égard à la localité, les conditions à introduire dans les baux à ce sujet ? Comment ces conditions pourraient-elles être formulées ?

X. Quelle application pourrait être faite du principe de l'indemnité dans le cas de métayage (1) ?

A ce questionnaire il a été fourni 98 réponses émanant, pour la plupart, des juges de paix, et sur lesquelles on compte : 58 avis favorables, 20 indécis et 18 opposés.

A la suite de cette enquête, il a été fait par M. Pluchet, au nom de la commission du code rural, un second rapport dans lequel il propose à la société d'émettre l'avis.

1° Qu'il est juste et utile de recommander l'application du principe de l'indemnité dans la rédaction des baux ;

2° Que ce principe peut être appliqué, suivant les conditions locales de chaque contrée de la France, de manière à développer la richesse productive du sol en conciliant les intérêts de la propriété foncière et ceux du cultivateur ;

3° Que les améliorations, donnant droit à l'indemnité, peuvent être classées en trois catégories.

La première comprend : les améliorations immobilières qui ne peuvent être admises à l'indemnité qu'après avoir été consenties par le propriétaire, et qui doivent être réglées par les conventions arrêtées entre le propriétaire et le fermier, déduction faite de la somme d'amortissement ;

La deuxième catégorie comprend : l'amélioration foncière calculée d'après la différence réelle du prix du fermage en cédant le taux normal d'accroissement ou de décroissement, et qui doit être payée par le propriétaire ;

La troisième catégorie comprend : l'amélioration culturale, qui peut être constatée par une expertise au commencement et à la fin des baux, et doit être payée par le fermier entrant.

Les usages particuliers, la valeur locale des objets à estimer peuvent seuls servir de base pour apprécier l'indemnité pour chaque localité (2).

Hélas ! qui le croirait ? Le principe de l'indemnité au fermier sortant a été repoussé par la société des agriculteurs de France dans sa session de février. C'est là, suivant nous, un vote regrettable et qui prouve l'utilité d'une nouvelle étude de cette grave question.

(1) *Journal d'agriculture pratique*, 1872, tome I, p. 650.
(2) *Journal d'agriculture pratique*, 1873, tome I, p. 37.

Nous devons ajouter que ces questions sont, depuis plus de 25 ans, en discussion en Angleterre.

Elles y ont fait l'objet de nombreux travaux, notamment de l'ouvrage intitulé *le droit du fermier* publié en 1848 par M. Henry Corbet, secrétaire du club des fermiers à Londres. Depuis quelque temps surtout, la lutte devient plus vive et plus ardente, aussi est-il presque impossible d'ouvrir un journal anglais sans rencontrer un article qui y soit consacré.

Du reste, la question sera bientôt tranchée d'une manière définitive, car elle doit être soumise au parlement dans la session qui va s'ouvrir.

Elle l'a déjà été par le conseil de la chambre centrale d'agriculture tenue à Londres qui a, le 5 novembre dernier, adopté à l'unanimité, la motion suivante de M. Read membre du parlement : « Le conseil de la chambre d'agriculture « croit indispensable, pour la sécurité des capitaux engagés « dans l'agriculture, que, à défaut d'une garantie donnée en « ce sens au fermier par le bail ou l'agrément, la loi lui « reconnaisse un droit à indemnité pour améliorations non « épuisées ; sauf, en même temps, au propriétaire à faire « valoir ses réclamations pour dégradations ou détériora- « tions *du fait du* preneur. »

II

Caractère particulier du bail à ferme.

Pour étudier les réformes à opérer dans la location des biens ruraux, il faut, avant tout, rechercher quel est le caractère particulier de ces baux ; en quoi ils diffèrent des baux des maisons et quelle est la législation actuellement existante.

La location d'un appartement ou d'une maison a pour objet l'habitation personnelle du preneur.

La location d'un bien rural a pour objet l'exploitation de la terre, exploitation qui exige un travail constant de la part du preneur.

La conséquence de cette différence est que, dans les locations urbaines, le preneur peut quitter, sans grand inconvénient, la chose louée, tandis que tout déplacement est ruineux pour le locataire d'un bien rural.

Le premier transporte, en quittant les lieux, son mobilier dans un autre appartement ou dans une autre maison, et tout est dit : il n'a à supporter que les dépenses relativement minimes de déménagement et d'installation, dépenses qu'il peut d'ailleurs réduire suivant ses ressources ; en résumé, il n'est pas grandement à plaindre, car on ne saurait prendre au sérieux la plaisante exagération qui consiste à dire que trois déménagements valent un incendie.

Le second, au contraire, est obligé de transporter un matériel considérable, il perd le fruit de dépenses qui font acquérir une plus-value au fonds exploité par lui, et il enrichit ainsi à ses dépens le propriétaire de la ferme qu'il quitte ; puis, aussitôt qu'il entrera dans la nouvelle, il sera obligé de faire des frais nouveaux, sous peine de ne tirer aucun profit de son second bail. Il a donc beaucoup plus d'intérêt que le locataire d'une maison de ville à obtenir une location à long terme.

D'un autre côté, les dépenses que le premier fait dans un appartement ou dans une maison n'ont pour but que d'en augmenter le confortable intérieur et de satisfaire à des convenances personnelles ; tels sont : le changement des papiers de tenture, la réparation des peintures, la modification apportée dans les distributions des diverses pièces composant la chose louée.

Les dépenses faites par le fermier entrant ont un tout autre objet. Elles ne sont pas destinées à rendre plus agréable la jouissance du preneur, elles sont nécessaires pour qu'il recueille les fruits formant la compensation du prix du fermage.

Enfin, Domat signale une autre différence considérable :
« Le locataire d'une maison, dit-il, a sa jouissance connue et
« réglée de l'habitation, le fermier ignore quels seront au juste
« les fruits et autres revenus de l'héritage qu'il prend à ferme,
« à cause de l'incertitude du plus ou moins de leur quantité
« et de leur valeur et du péril d'une stérilité et autres cas for-

« tuits qui peuvent diminuer le revenu ou l'anéantir (1). »

Le bail d'une ferme aurait plus d'analogie avec celui de locaux industriels. Le fermier, comme le fabricant, a pour but le profit; l'un et l'autre doivent chercher à produire le plus et au meilleur marché possible.

Et cependant, l'analogie n'est pas encore complète. La position de l'industriel est plus favorable que celle du fermier ; car, les produits obtenus par le premier s'écoulent, se renouvellent et se reproduisent semblables chaque jour, tandis que ceux du second ne sont obtenus qu'à la longue et au prix d'une persévérance et d'efforts incessants.

D'un autre côté, si l'industriel est soumis, comme tout négociant, à la fluctuation du cours des matières premières et des marchandises fabriquées, il doit les produits de sa fabrique à un travail manuel et mécanique dont il est le maître, car aujourd'hui nous pouvons organiser, régler et connaître d'avance la marche des machines. Le fermier, au contraire, ne doit pas les produits recueillis par lui à son seul labeur, il est à la merci des éléments auxquels il ne peut commander et se voit souvent privé, en un jour, des efforts faits par lui pendant toute une saison ; une gelée intempestive, une grêle subite vont peut-être détruire en un instant l'espoir d'une magnifique récolte laborieusement préparée !

Il faut donc reconnaître :

Que le bail à ferme diffère essentiellement, dans son objet et dans ses résultats, du bail ayant pour unique but l'habitation personnelle du preneur ;

Que la position du fermier est même plus défavorable que celle de l'industriel ;

D'où la conséquence que le fermier mériterait une protection tout à fait particulière de la part du législateur.

L'a-t-il obtenue ?

III

Législation actuelle. — Son principe et ses conséquences.

Le Code civil énonce (art. 1714-1751) les nombreuses

(1) *Lois civiles*, tome I, p. 67, IV.

dispositions également applicables aux baux des maisons et à ceux des biens ruraux.

Les seules règles particulières aux baux à ferme sont celles contenues dans les art. 1763-1778 ainsi conçus :

Art. 1763. — Celui qui cultive sous la condition d'un partage de fruits avec le bailleur, ne peut ni sous-louer ni céder, si la faculté ne lui en a été expressément accordée par le bail.

Art. 1764. — En cas de contravention, le propriétaire a le droit de rentrer en jouissance, et le preneur est condamné aux dommages-intérêts résultant de l'inexécution du bail.

Art. 1765. — Si, dans un bail à ferme, on donne aux fonds une contenance moindre ou plus grande que celle qu'ils ont réellement, il n'y a lieu à augmentation ou diminution de prix pour le fermier, que dans les cas et suivant les règles exprimées au titre *de la vente* (art. 1616 à 1623).

Art. 1766. — Si le preneur d'un héritage rural ne le garnit pas des bestiaux et des ustensiles nécessaires à son exploitation, s'il abandonne la culture, s'il ne cultive pas en bon père de famille, s'il emploie la chose louée à un autre usage que celui auquel elle a été destinée, ou, en général, s'il n'exécute pas les clauses du bail, et qu'il en résulte un dommage pour le bailleur, celui-ci peut, suivant les circonstances, faire résilier le bail. — En cas de résiliation provenant du fait du preneur, celui-ci est tenu des dommages et intérêts, ainsi qu'il est dit en l'article 1764.

Art. 1767. — Tout preneur de bien rural est tenu d'engranger dans les lieux à ce destinés d'après le bail.

Art. 1768. — Le preneur d'un bien rural est tenu, sous peine de tous dépens, dommages et intérêts, d'avertir le propriétaire des usurpations qui peuvent être commises sur les fonds. — Cet avertissement doit être donné dans le même délai que celui qui est réglé en cas d'assignation suivant la distance des lieux.

Art. 1769. — Si le bail est fait pour plusieurs années et que, pendant la durée du bail, la totalité ou la moitié d'une récolte au moins soit enlevée par des cas fortuits, le fermier peut demander une remise du prix de sa location, à moins qu'il ne soit indemnisé par les récoltes précédentes. — S'il n'est pas indemnisé, l'estimation de la remise ne peut avoir lieu qu'à la fin du bail, auquel temps il se fait une compensation de toutes les années de jouissance. — Et cependant le juge peut provisoirement dispenser le preneur de payer une partie du prix en raison de la perte soufferte.

ART. 1770. — Si le bail n'est que d'une année, et que la perte soit de la totalité des fruits, ou au moins de la moitié, le preneur sera déchargé d'une partie proportionnelle du prix de la location. — Il ne pourra prétendre à aucune remise, si la perte est moindre de moitié.

ART. 1771. — Le fermier ne peut obtenir de remise, lorsque la perte des fruits arrive après qu'ils sont séparés de la terre, à moins que le bail ne donne au propriétaire une quotité de la récolte en nature ; auquel cas le propriétaire doit supporter sa part de la perte, pourvu que le preneur ne fût pas en demeure de lui délivrer sa portion de récolte. — Le fermier ne peut également demander de remise, lorsque la cause du dommage était existante et connue à l'époque où le bail a été passé.

ART. 1773. — Le preneur peut être chargé des cas fortuits par une stipulation expresse.

ART. 1773. — Cette stipulation ne s'entend que des cas fortuits ordinaires, tels que grêle, feu du ciel, gelée ou coulure. — Elle ne s'entend pas des cas fortuits extraordinaires, tels que les ravages de la guerre, ou une inondation, auquel le pays n'est pas ordinairement sujet, à moins que le preneur n'ait été chargé de tous les cas fortuits prévus ou imprévus.

ART. 1774. — Le bail, sans écrit, d'un fonds rural, est censé fait pour le temps qui est nécessaire, afin que le preneur recueille tout les fruits de l'héritage affermé. — Ainsi le bail à ferme d'un pré, d'une vigne, et de tout autre fonds dont les fruits se recueillent en entier dans le cours de l'année est censé fait pour un an. Le bail des terres labourables, lorsqu'elles se divisent par soles ou saisons, est censé fait pour autant d'années qu'il y a de soles.

ART. 1775. — Le bail des héritages ruraux, quoique fait sans écrit, cesse de plein droit à l'expiration du temps pour lequel il est censé fait, selon l'article précédent.

ART. 1776. — Si, à l'expiration des baux ruraux écrits, le preneur reste et est laissé en possession, il s'opère un nouveau bail dont l'effet est réglé par l'article 1774.

Art. 1777. — Le fermier sortant doit laisser à celui qui lui succède dans la culture, les logements convenables et autres facilités pour les travaux de l'année suivante ; et réciproquement, le fermier entrant doit procurer à celui qui sort les logements convenables et autres facilités pour la consommation des fourrages, et pour les récoltes restant à faire. — Dans l'un et l'autre cas, on doit se conformer à l'usage des lieux.

Art. 1778. — Le fermier sortant doit aussi laisser les pailles et engrais de l'année, s'il les a reçus lors de son entrée en jouissance ; et, quand même il ne les aurait pas reçus, le propriétaire pourra les retenir suivant l'estimation.

Quelques-unes de ces dispositions nous paraissent essentiellement critiquables et constituent aujourd'hui de véritables anachronismes.

Le décret des 5-12 juin 1791 a posé le principe que : « la durée et les clauses des baux des biens des campagnes « sont purement conventionnelles » (1). Ce principe a été expressément confirmé par le Code rural des 28 septembre - 6 octobre 1791 (2) et nous le trouvons reproduit par l'art. 1134 du Code civil, d'après lequel : « Les conventions « légalement formées tiennent lieu de loi à ceux qui les ont « faites. »

C'est là une chose parfaitement juste, mais à la condition que la position des deux parties contractantes sera égale et que l'une d'elles ne sera pas placée par la loi dans un état d'infériorité vis-à-vis de l'autre.

Or, il est malheureusement trop vrai que le Code civil n'a pas fait une situation semblable au bailleur et au preneur. Par une sorte de réaction contre les idées d'égalité que proclamaient les lois de la Révolution, le législateur de 1803 déclarait avoir plus de confiance dans la parole du patron que dans celle de l'ouvrier, dans la parole du bailleur que dans celle du preneur. D'après l'art. 1786 : « Le maître était cru « sur son affirmation : pour la quotité des gages ; pour le « payement du salaire de l'année échue, et pour les à-compte

(1) Art. 5.
(2) Titre I, section II, art. 1er.

« donnés pour l'année courante. » D'après l'art 1716 : « Lors-
« qu'il y a contestation sur le prix du bail verbal dont l'exé-
« cution a commencé et qu'il n'existe point de quittance, le
« propriétaire en est cru sur son serment, si mieux n'aime
« le locataire demander l'estimation par experts ; auquel cas
« les frais de l'expertise restent à sa charge, si l'estimation
« excède le prix qu'il a déclaré. » Et, dans son rapport au
tribunal sur le titre du *Louage*, le tribun Mourricault donnait
pour motif de cette disposition étrange : « que le preneur a
« suivi la foi du bailleur, en entrant en possession de la chose
« louée sans avoir réglé par écrit les conditions du bail (1). »
C'est là, il faut le reconnaître, une assez mauvaise raison, car
on pourrait facilement retourner l'argument et dire que :
le bailleur a suivi la foi du preneur en le mettant en possession de la chose louée sans avoir réglé par écrit les conditions du bail.

De telles dispositions ne sauraient être maintenues à notre
époque où le travail tend chaque jour davantage à prendre la
place qu'il mérite, c'est-à-dire une place égale à celle du capital. L'article 1781 a été abrogé par la loi du 2 août 1858.
L'art. 1716 devrait l'être également.

Il est vrai que, dans son rapport sur le projet de loi
ayant pour but d'abroger l'art. 1781, M. Mathieu a défendu
l'art. 1716 devant le Corps législatif. « La loi dont l'abrogation
« est proposée par le gouvernement (art. 1781) n'a, disait-il,
« d'analogie dans aucune autre disposition de nos Codes, car
« si l'art. 1716, lorsqu'il y a contestation sur le prix du bail
« verbal dont l'exécution a commencé et qu'il n'existe
« point de quittance, déclare : que le propriétaire en sera
« cru sur son serment, il rétablit *une sorte d'équilibre* entre lui
« et le locataire, en donnant à ce dernier le droit de deman-
« der l'estimation par experts. » Nous reconnaissons volon-
tiers qu'il y a — pour parler le langage de M. Mathieu — *une
sorte de différence* entre l'art. 1781 et l'art. 1716 ; mais nous
trouvons qu'il y a entre eux une sérieuse analogie ; tous deux
sont fondés sur le même sentiment de confiance exagérée
dans la déclaration de l'une des parties et la disposition finale

(1) Séance du tribunat du 14 ventôse an XII (*Rapport fait au nom de
la section de législation*).

de l'art. 1716 nous paraît quelque peu ressembler à une menace contre le locataire assez téméraire pour saisir le juge. En tout cas, l'article entier démontre l'esprit dans lequel a été rédigée cette partie du Code civil. On y trouve, à chaque pas, la preuve de l'injuste méfiance qu'inspire le preneur et un véritable luxe de précautions prises par le législateur dans l'intérêt du bailleur ; aussi, comprenons-nous difficilement que la proposition d'abroger l'art. 1716 ait été repoussée, sans discussion, par la commission supérieure de l'Enquête agricole (1).

Le droit romain protégeait mieux les intérêts du fermier :
« Tout colon de qui son maître exige plus que la redevance
« accoutumée et déterminée par l'usage ancien du domaine
« peut s'adresser au juge et lui demander protection, » disait une loi du Code (2). Et cette disposition accusait d'autant plus le désir de protéger le colon (fermier) qu'elle était alors exorbitante de droit commun, le colon n'ayant le droit d'assigner le maître que pour cette redevance exagérée ou *pour crime*.

La méfiance que le législateur de 1803 éprouvait, à son insu, vis-à-vis du locataire, se traduit dans l'art. 1766 qui prévoit avec complaisance toutes les infractions dont le preneur pourrait se rendre coupable à l'égard du bailleur.

D'un autre côté, les art. 1744, 1746, 1769, 1772 et 1773 contiennent des dispositions beaucoup plus favorables au bailleur qu'au preneur.

L'art. 1744 autorise le propriétaire à stipuler qu'en cas de vente il aura le droit d'expulser le fermier ou le locataire et dans ce cas, en l'absence de toute clause spéciale sur les dommages-intérêts, l'indemnité est fixée par l'art. 1746, au tiers du prix du bail pour tout le temps qui reste à courir. Cette disposition ne nous paraît pas équitable, car il est évident que, dans de telles circonstances, les dépenses d'amélioration qui peuvent avoir été faites par le fermier augmentent la valeur de la propriété et par conséquent le prix payé par l'acquéreur : il serait donc juste de lui accorder une indemnité

____

(1) Séance du 1ᵉʳ décembre 1688. Documents généraux, décrets, rapports, etc. *Séances de la commission supérieure*, tome I, p. 688.
(2) Code, Loi 1, *In quibus causis coloni censiti.*

à régler par experts, et cela nous semblerait d'autant plus naturel que d'après l'art. 1747 , « L'indemnité se règle par experts s'il s'agit de manufactures, usines, ou autres établissements qui exigent de grandes avances. » Or, nous démontrerons plus tard que, dans l'état actuel de l'agriculture, le fermier fait comme l'industriel de grandes avances pour tirer profit de son exploitation et que, par suite, il devrait jouir comme lui du bénéfice de l'art. 1747 précité.

Nous avons vu comment l'art. 1769 établit le règlement de l'indemnité en cas de perte de la totalité, ou de la moitié d'une récolte ; cette indemnité n'est fixée définitivement qu'à la fin du bail, époque à laquelle il est fait une compensation de toutes les années de jouissance, de telle sorte que le fermier peut être ruiné avant d'avoir reçu l'indemnité à laquelle il a droit.

Quant à la faculté, pour le fermier, de saisir le juge, elle est dispendieuse et incertaine dans ses résultats ; elle ne saurait donc protéger, d'une manière efficace, les intérêts légitimes du preneur.

Ce n'est pas tout. L'art. 1772 autorise le bailleur à se décharger de toute responsabilité pour les cas fortuits (grêle, feu du ciel, gelée ou coulure), et l'art. 1773 lui permet de laisser les cas fortuits prévus ou imprévus (ravages de la guerre ou inondations) à la charge du preneur. Il faut reconnaître que de telles dispositions sont regrettables, car elles mettent le fermier à la merci complète du propriétaire et doivent nécessairement donner lieu à d'injustes réclamations contre le preneur. C'est ce qui est arrivé à la suite de la dernière guerre.

Les époux Denoyer avaient loué des sieurs Moreau une ferme importante, suivant bail authentique par lequel il était stipulé que les preneurs restaient chargés des cas fortuits prévus et imprévus. L'invasion des troupes allemandes empêcha pendant assez longtemps les époux Denoyer d'habiter et d'exploiter la ferme ; ils ne purent ni recueillir ce qui pouvait encore rester de la récolte de 1870, ni faire les travaux et ensemencements nécessaires pour celle de 1871. Mais, lorsqu'ils réclamèrent de leur propriétaire une décharge de fer-

ÉM. 2

mage correspondante au temps pendant lequel ils n'avaient pas joui de la ferme, celui-ci, se fondant sur l'art. 1773 du Code civil, prétendit avoir droit à la totalité du loyer. Le tribunal civil de Meaux repoussa bien heureusement cette étrange doctrine :

« Attendu, dit le jugement, que l'art. 1773 du Code civil, de même que la clause 22 du bail, ne peuvent s'appliquer qu'aux pertes de récoltes éprouvées pendant la durée du bail, et non à une privation complète de jouissance qui en auraient suspendu le cours;

« Attendu, en effet, que le fermage est la représentation de la jouissance du bien affermé ;

« Qu'aux termes de l'art. 1719 du Code civil, le bailleur est tenu, par la nature du contrat, de faire jouir paisiblement le preneur pendant la durée du bail, de même que, de son côté. le preneur, d'après l'art. 1728, est tenu de payer le prix du bail aux termes convenus ;

« D'où la conséquence que, si le premier ne remplit pas son obligation, le second est, par cela seul, dégagé de la sienne; et attendu, en fait, dans la cause, qu'il est de notoriété publique et constant pour le tribunal que, depuis l'invasion des troupes allemandes jusqu'au moment de leur départ, les époux Denoyer n'ont pu habiter ou exploiter leur ferme; qu'ils n'ont pu, durant tout ce temps, ni recueillir ce qui pouvait encore rester de la récolte de 1870, ni faire les travaux et ensemencements nécessaires pour celle de 1871 ;

« Que n'ayant pas joui paisiblement des biens affermés pendant ce laps de temps, ils ne peuvent être tenus de payer le fermage qui s'y rapporte. »

Le système ainsi admis par le tribunal nous paraît essentiellement juridique. Comme nous le disions, lorsque nous avons eu l'occasion de nous occuper de cette affaire : « Le « bail est un contrat synallagmatique dans lequel le bailleur « s'engage à procurer au preneur la libre et paisible jouissance « en payement de laquelle le preneur doit le loyer. Si, par un « fait indépendant de la volonté des deux parties, le preneur « est privé de cette jouissance, l'obligation contractée par lui « de payer le loyer n'a plus d'objet; or, d'après l'article 1131

« du Code civil, l'obligation sans cause ne peut avoir au-
« cun effet (1). »

Nous espérons bien quant à nous, que si le jugement du tribunal de Meaux est déféré à la Cour de Paris, il sera confirmé
par elle et que la loi recevra ainsi, par un arrêt solennel, une
interprétation aussi équitable que possible; mais ce ne sera
jamais là qu'un monument de jurisprudence ; or, comme le
disait un illustre magistrat : « Les arrêts sont bons pour ceux
qui les obtiennent. » Nous aimerions mieux, pour notre part,
voir rayer du Code une disposition qui peut donner lieu à
d'aussi injustes réclamations.

Nous savons bien qu'à l'appui de l'art. 1773 on pourra in-
voquer le principe de la liberté des conventions ; mais, si nous
admettons en thèse générale qu'une grande liberté doive être
laissée aux parties contractantes, nous ne craignons pas de
dire que cette liberté ne saurait être toujours et en tout cas
illimitée. Nous pourrions citer un grand nombre d'hypothèses
où le législateur enchaîne, dans une certaine limite, la volonté
des contractants pour garantir les intérêts légitimes de ceux
qui, sans cela, pourraient être injustement lésés. Or, l'art. 1773
nous semble en contradiction avec ce grand principe de morale universelle que nul ne doit s'enrichir aux dépens d'autrui ;
il nous semble également en contradiction avec l'art. 1131
cité plus haut et avec l'art. 1108 d'après lequel, quatre conditions sont essentielles pour la validité d'une convention : le
consentement de la partie qui s'oblige, sa capacité de contracter, un objet certain qui forme la matière de l'engagement et
une cause licite dans l'obligation.

Il n'y a donc, suivant nous, aucune raison pour maintenir
dans notre législation l'art. 1773.

Pour terminer la critique de la législation constante, nous
dirons un mot des art. 1774 à 1776 du Code civil, sur lesquels
nous aurons d'ailleurs à revenir plus tard.

Mais nous ne saurions adresser, à cet égard, aucun repro-
che au législateur. Il a pris pour base de son travail l'état de
choses existant alors, et il devait agir ainsi; seulement de
grands progrès se sont accomplis en agriculture depuis 1803,

(1) *Écho agricole*, 8 novembre 1872.

et ce qui était suffisant il y a soixante-dix ans ne l'est plus aujourd'hui :

En 1803, l'assolement triennal était en honneur; les prairies artificielles n'occupaient que des surfaces insignifiantes, on n'avait aucune idée des améliorations foncières par la chaux, la marne, le drainage; le législateur ne pouvait donc songer à favoriser les baux à long terme.

Aujourd'hui que la rotation triennale est presque partout abandonnée, la loi devient dangereuse et nuisible aux progrès de l'agriculture.

Qu'est, en effet, devenu le bail à ferme sous la législation actuelle ?

Absolument le contraire de ce qu'il devait être.

Le propriétaire et le fermier se posent en adversaires, tout prêts à entrer en lutte.

Le propriétaire ne cherche pas à améliorer son domaine, il ne songe qu'à en tirer un gros profit, il impose à son locataire toutes sortes de restrictions, d'interdictions ou dépenses de changement dans les cultures anciennes et d'usage dans le pays, il s'assure le bénéfice exorbitant des art. 1772 et 1773 du Code civil. Il sait bien qu'avec un tel système son fermier aura de grandes chances de ruiner; mais que lui importe? en homme habile, il fait un bail de courte durée pour que la ruine complète du fermier n'arrive pas tout au moins avant la fin de la location : celui-ci parti, il recommencera avec un autre locataire et cherchera à profiter bien vite de l'augmentation de toutes choses pour obtenir un loyer plus élevé encore.

« La répugnance des propriétaires à passer des baux à « long terme est si générale, qu'il est intéressant, dit M. de Gas- « parin, d'examiner quelle en est la source. Seraient-ce, « comme on a voulu le faire entendre, une espèce de résis- « tance irréfléchie contre une dépossession prolongée, une « crainte vague de voir méconnaître plus tard les droits de « propriété? Mais depuis longtemps les droits réciproques « des parties sont assez protégés par les lois, pour qu'un pa- « reil motif soit tout à fait sans valeur pour la généralité, et, « si quelques esprits bizarres et étroits pouvaient être dominés « par une telle pensée, elle n'aurait aucune prise sur la raison

« publique, qui est bien plus conséquente qu'on ne voudrait
« nous le persuader.

« La véritable cause est réelle et non pas imaginaire. Elle
« consiste principalement dans les progrès des nations dans
« la carrière de l'industrie et dans l'augmentation de la popu-
« lation. L'une et l'autre cause tendent à faire augmenter le
« taux des fermages, et c'est de cette augmentation que les
« propriétaires sont avides de jouir et qui leur fait désirer de
« renouveler souvent leurs baux. Quand les peuples étaient
« stationnaires, on voyait des transactions à très-long terme,
« des emphytéoses, des redevances féodales, des domaines
« congéables ; aujourd'hui, loin de contracter pour plusieurs
« générations, un bail de neuf ans effraye les propriétaires, et
« quand il est terminé, ils se contentent d'une tacite reconduc-
« tion, guettant toujours le moment où les circonstances
« leur permettront d'exiger une augmentation. Voilà le véri-
« table état des choses, état qui compromet sérieusement les
« progrès de l'agriculture (1). »

De son côté, le locataire, loin de chercher à améliorer le
domaine, ne songe qu'à l'épuiser afin de pouvoir en tirer tout
le profit possible dans le court délai pendant lequel il en a la
jouissance ; véritable exploitant de passage, il traite la terre
en pays conquis et, quand il a un bail de neuf ans, il trouve
moyen d'employer un système de culture approprié à chacune
des trois périodes triennales.

Dans la première, il cherche à réparer le tort causé au sol
par son prédécesseur, il nettoie, il prépare, il fume, il tra-
vaille pour recueillir plus tard.

Dans la seconde, il jouit en bon père de famille, car il lui
faut ménager la terre dont il a encore la possession pendant
une autre période de trois ans.

Mais dans la troisième, il épuise la terre, parce qu'il veut
recouvrer les avances faites par lui dans les trois premières
années, sans profit immédiat.

Dans son premier rapport à la Société des agriculteurs de
France, M. Pluchet démontre — trop victorieusement, hélas !
— l'immense préjudice causé à l'agriculture par d'aussi déplo-
rables errements. « Tandis qu'en France, dit-il, le fermier sor-

_____

(1) *Le fermage*, p. 166.

« tant s'applique, pendant les dernières années de son bail, à
« épuiser tout ce qu'il peut avoir apporté ou non d'engrais
« dans sa terre et qu'il néglige parfois de donner au sol les
« soins et les façons d'entretien si efficaces pour maintenir sa
« propriété et sa fertilité ; tandis que le fermier entrant s'appli-
« que, au contraire, pendant plusieurs années à réparer par
« des dépenses onéreuses de culture et d'engrais le tort causé
« à la terre par son prédécesseur dans les dernières années
« de son bail, on se demande avec tristesse si le dernier arrivé
« ne fera pas à son tour, à la fin de son bail, pis que le précé-
« dent, car combien de fermiers ont ainsi fait un travail de
« Pénélope ! Lorsque l'on songe aux sommes énormes qu'il a
« fallu dépenser en pure perte pour rétablir l'équilibre de la
« fécondité détruite à chaque fin de bail, et lorsque l'on sup-
« pute les déficits de récoltes que l'on peut attribuer à ces per-
« pétuels gaspillages de richesse souterraine, si laborieuse-
« ment acquise, il est impossible de ne pas être frappé de l'é-
« tendue des pertes qui en sont résultées (1). »

En résumé, le propriétaire exploitant le fermier, le fermier
épuisant la terre, des millions dépensés chaque année en pure
perte par les fermiers entrants, la France frappée dans sa
plus précieuse richesse, voilà le bilan de la législation dont
nous demandons la réforme.

IV

But des réformes à opérer.

Ce qu'il faut obtenir, c'est que le propriétaire et le fermier
aient un même objectif : la prospérité du domaine, c'est-à-
dire de l'agriculture.

Ce qu'il faut, c'est : que le propriétaire ne cherche plus à
exploiter le fermier ; qu'il ne se préoccupe pas uniquement
de toucher un gros revenu sans avoir souci de l'avenir ; qu'il
n'impose pas, sous peine de dommages-intérêts, par pure ha-
bitude de la routine, telle ou telle culture déterminée, peut-

---

(1) *Journal d'agriculture pratique*, 1872, t. I, p. 652.

être mal appropriée à la nature du sol; qu'il ne cherche pas à se décharger de toute responsabilité au cas où, par une cause quelconque, le fermier serait privé des fruits de son travail; qu'il lui accorde un bail à long terme et lui permette ainsi de profiter tranquillement, en bon père de famille, du produit de son labeur, de faire des améliorations, de marner, de drainer, etc., et de recouvrer pendant le cours du bail une partie des avances ainsi faites; enfin qu'il consente à tenir compte, tout au moins dans une certaine mesure, au fermier, de la plus-value résultant, pour le domaine, des améliorations dispendieuses faites par lui durant le temps de la location.

Ce qu'il faut d'un autre côté, c'est : que le locataire jouissant d'un long bail, soigne la terre comme s'il était lui-même propriétaire; qu'il songe à ménager et non à épuiser le sol; qu'il n'épargne ni son travail ni son argent pour fumer, marner, drainer le domaine; qu'il rende la ferme au propriétaire dans un excellent état avec la plus-value qui doit nécessairement résulter d'une bonne exploitation.

On a dit que le fermage était une association entre le propriétaire et le fermier. Assurément, il n'y aurait rien de mieux; mais, pour arriver à ce résultat, il faudrait apporter à la législation des modifications :

Facilitant les baux à long terme;

Permettant au fermier de recouvrer à fin de bail tout au moins une partie des avances faites par lui.

C'est ce qu'il nous reste à démontrer.

V

Plus grande durée des baux.

Lors de l'enquête agricole de 1867, les deux questions suivantes ont été soumises à la commission supérieure comme résultant des dépositions entendues dans les enquêtes départementales :

I. Doit-on, à défaut de convention, fixer la durée des baux à 18 ans?

II. Doit-on permettre les baux à long terme pour les biens

des mineurs et des incapables, ainsi que pour l'usufrui-
tier (1) ?

La première question a été résolue négativement, et pour
ainsi dire sans discussion, comme attentatoire au principe de
la liberté des conventions. Nous avouons que nous avons
quelque peine à comprendre cette décision, car il s'agissait de
fixer la durée de 18 ans précisement au cas où il n'y a· pas
de convention ; les parties se trouvent alors régies par la loi,
par conséquent la modification de l'article 1774 ne saurait
avoir pour effet de nuire au principe de la liberté des conventions.

La seconde question a donné lieu au contraire à une assez
longue discussion au sein de la commission supérieure (2).
Une sous-commission a été chargée plus spécialement de
l'examiner ; M. Du Miral, dans le rapport fait par lui au
nom de cette sous-commission, proposait à la commission
supérieure d'admettre le vœu : « Que les baux de dix-huit
« ans soient permis pour les biens des femmes, des mineurs,
« des incapables et pour ceux grevés d'usufruit (3). » M. Du
Miral se fondait sur les lois de 1833 et de 1851 qui donnent
aux communes et aux établissements de bienfaisance le droit
de faire des baux à long terme ; sur l'inconvénient grave des
baux à courte échéance ; enfin sur ce qu'en Angleterre, un
statut qui remonte au règne d'Henri VIII permet au mari,
dans l'intérêt de l'agriculture, de faire des baux de 21 ans
qui obligent la femme et les héritiers.
Nous devons dire que les conclusions de ce rapport ont été
écartées par la commission supérieure. On a pensé que permettre au tuteur de faire des baux de plus de 9 ans, ce serait
enchaîner la volonté du mineur devenu majeur, l'empêcher
de prendre possession de son domaine et de l'exploiter, par
conséquent priver l'agriculture du concours d'un certain
nombre de personnes qui voudraient s'y consacrer.

_____

(1) Rapport général au ministre par M. Monny de Mornay, alors directeur
de l'Agriculture, commissaire général de l'enquête, p. 22.
(2) 1re série. — *Documents généraux, décrets, rapports,* etc. (*Séances de
la commission supérieure*), tome IV, p. 400-412.
(3) *Ibid.*, p. 366.

Nous croyons que cette crainte était peut-être exagérée et que l'inconvénient signalé — dont il est impossible de méconnaître la réalité — a été trop généralisé, mais la décision de la commission supérieure se justifie, tout au moins dans une certaine mesure, par cette considération qu'il y a une différence considérable, au point de vue du résultat, entre le droit concédé par les lois de 1835 et de 1851, soit aux communes, soit aux établissements de bienfaisance, et celui réclamé pour les maris et les tuteurs. L'inconvénient signalé, lors de la discussion, par plusieurs membres de la commission supérieure n'existant pas, à l'égard des communes et des établissements de bienfaisance, on comprend jusqu'à un certain point que les précédents législatifs invoqués par M. Du Miral n'aient pas suffi pour entraîner un vote favorable.

Malgré cette observation que nous croyons de notre devoir de signaler, nous persistons à croire que la commission supérieure eût mieux fait d'admettre la proprosition qui lui était soumise. Ce qui se passe en Angleterre — le pays de la liberté individuelle, par excellence — aurait dû entraîner la conviction de tous.

Quoi qu'il en soit, il résulte de la discussion que les membres de la commission supérieure étaient parfaitement d'accord sur l'utilité des baux à long terme.

Dans la séance du 18 mars 1870, M. du Miral disait, à l'appui des conclusions de son rapport :

« Aucune difficulté, aucune divergence ne se sont produites « dans le sein de la commission supérieure, lorsqu'elle a bien « voulu me charger de l'étude de cette question. Tout le « monde paraissait d'accord sur ce point qu'il y avait des « modifications à apporter à la législation sur les baux.

« J'ai fait connaître dans mon rapport qui est très-court, « qu'en 1803 et 1804, lorsque le Code civil avait eu à régler « cette matière si importante pour l'agriculture, les progrès « agricoles qui se sont réalisés depuis avec une intensité à la-« quelle nous applaudissons tous ici, étaient alors tout à fait « dans l'enfance.

« A cette époque, l'assolement en honneur, celui qui était « considéré comme un progrès, était l'assolement triennal, « c'est lui qui a été la véritable base de la durée légale des « baux de neuf années qui se trouve inscrite dans le Code,

« cela constituait pour les fermiers trois rotations, et comme
« ceux-ci ne faisaient alors aucune amélioration, et que tout
« le mérite d'un bon fermier consistait à bien nettoyer ses
« terres, à bien sarcler ses récoltes, les baux de 9 ans, dans
« ces conditions, étaient considérés comme très-suffisants.

« Aujourd'hui il n'en est plus de même, tout est changé ; la
« prairie artificielle, qui existait seulement à l'état d'enfance,
« s'est considérablement développée ; les améliorations fon-
« cières, l'emploi d'un grand capital, les transformations ter-
« ritoriales, le développement des cheptels, tout cela est de-
« venu usuel et, à l'heure qu'il est, il n'existe plus une seule
« période culturale ayant pour base la prairie artificielle ou les
« plantes sarclées qui ne soit au minimum de quatre, cinq et
« même six années.

« Le législateur s'est tellement rendu compte de l'insuffi-
« sance actuelle de la durée légale de 9 ans des baux des
« biens ruraux, qu'à une époque récente, lors de la confec-
« tion de la loi de 1852, on a considéré les baux plus prolon-
« gés comme étant favorables à l'agriculture et qu'on a parlé
« de fixer cette durée à 18 ans. On a eu parfaitement raison,
« car rien, à mon avis, n'est de nature à faire progresser l'a-
« griculture et à encourager les améliorations agricoles de
« la part des fermiers, comme la longue durée des baux : pas
« un fermier prudent n'entreprendra la transformation d'une
« grande propriété rurale, s'il n'entrevoit la possibilité, au
« moyen de la durée de son bail, de récupérer, dans les der-
« nières années de son fermage, les avances qu'il aurait faites
« dans les premières années.

« C'est ce qui fait que les propriétaires intelligents ont con-
« senti, non-seulement à allonger les baux de leurs biens
« ruraux, mais encore à introduire dans le mode de payement
« de leurs fermages une progression proportionnée au peu
« de produits que le fermier pourrait retirer au début et aux
« produits plus élevés que lui donneraient les dernières années
« de son exploitation.

« Mais ce serait vraiment abuser de l'attention d'un audi-
« toire aussi compétent que celui devant lequel j'ai l'honneur
« de parler en ce moment que d'insister sur l'avantage que
« présente la longue durée des baux des biens ruraux. »

M. Suin a fait observer que les longs baux sont favorables

au drainage, en ce sens qu'ils amènent une entente entre le propriétaire et le fermier ; que, dans le Nord, on avait toujours fait des baux à long terme (18 ans et même souvent 27 ans), et que l'agriculture y avait fait des progrès plus considérables que partout ailleurs dans le reste de la France ; que, sans baux à long terme, il n'y avait ni drainage, ni engrais suffisants, ni bétail en quantité considérable, et que cependant l'augmentation du bétail est une chose très-importante en agriculture.

M. Barral disait de son côté : qu'une plus grande longueur des baux est désirée par toutes les personnes qui se sont occupées d'améliorations agricoles, car c'est seulement par là qu'on peut augmenter la production du pays et la prospérité de l'agriculture (1).

MM. de Beville, de Béhague et Migneret, tout en discutant les conclusions du rapport de M. du Miral, déclaraient formellement devant la commission supérieure que les longs baux sont une bonne chose au point de vue agronomique.

Et M. Drouyn de Lhuis ajoutait : « Il n'y a pas de doute sur « les avantages des longs baux. »

Enfin, dans son rapport au ministre, le commissaire général de l'enquête, M. Monny de Mornay signalait ainsi l'inconvénient des baux de courte durée :

«La courte durée du bail empêche le fermier de faire les amé- « liorations réclamées par l'état des terres, et dont les effets ne « peuvent se faire sentir souvent qu'après un assez long temps, « ou, s'il s'efforce d'améliorer les terres pendant la première « période de son bail pour en tirer tout le parti possible, c'est « ensuite pour les épuiser pendant les dernières années de sa « jouissance par un excès de production contraire aux véri- « tables règles d'une bonne économie agricole (2). »

Nous devons ajouter que les peuples anciens comprenaient déjà l'utilité des baux de longue durée ; ainsi à Rome, s'il y avait des baux de 5 ans pour la petite propriété, les baux perpétuels étaient ordinairement appliqués à la grande et notamment aux vastes propriétés appartenant aux villes (*ager vectigalis*) (3).

(1) *Dispositions orales*, p. 14-20 (Séance du 23 mai 1867).
(2) Page 22.
(3) Digeste, Paul, L. 24, § 2 et 4, *Loc. cond.*

Nous devons également ajouter qu'il en est de même aujourd'hui dans plusieurs pays étrangers.

En Écosse, malgré l'ingratitude du climat, l'agriculture est prospère, et tout le monde attribue cet heureux résultat à l'usage des baux à long terme (1).

En Irlande, les baux sont de 21, 31 et même 61 ans (2).

En Prusse, la grande propriété se loue en général de 9, 12, 14, 18 et 21 ans (3).

En Suisse, les locations sont ordinairement de 30 ans (4).

Enfin en Portugal, l'emphytéose est très-usitée (5).

Du reste, il suffit de se rendre un compte exact de ce que comporte une exploitation agricole d'une certaine importance pour comprendre que les baux de longue durée sont absolument nécessaires dans l'intérêt de l'agriculture.

La culture avec jachère, que les moyens défectueux de communication ou le caractère du climat imposent quelquefois au fermier, est celle qui exige le moins de capitaux; le cheptel ne consiste guère alors qu'en bêtes de travail et en instruments d'agriculture ; mais, dans ces sortes de locations, il y a très-peu de fumier ne profitant en général qu'à quelques terres voisines de la ferme et privilégiées par leur qualité ; le revenu est peu important et l'on comprend que, dans de telles conditions, la terre ne peut être améliorée et l'agriculture ne peut prospérer.

Au contraire, les assolements alternatifs exigent de grands capitaux, le cheptel comprend une quantité considérable de têtes de bétail; dans ces sortes de locations, il y a beaucoup de fumier, le revenu est plus important, la terre s'améliore chaque année et l'agriculture devient prospère.

La question de savoir quel mode d'assolement doit être suivi par chaque fermier dépend de la nature du sol, de la facilité plus ou moins grande des communications, des besoins des pays environnants. Il est donc difficile de poser des règles générales.

(1) *Documents recueillis à l'étranger*, t. I, page 140.
(2) *Id.*, t. I, p. 151.
(3) *Id.*, t. I, p. 294, 309, 360, 374.
(4) *Id.*, t. I, p. 749.
(5) *Id.*, t. II, p. 286.

Néanmoins, dans un mémoire couronné le 10 mai 1863 par l'Académie de Metz, M. Villard, cultivateur, conseille au propriétaire de faire établir ainsi par le locataire la préparation et l'assolement du domaine.

Ledit domaine sera divisé en 19 parties égales en surface, dont chacune passera tour à tour, successivement et chaque année, par les phases culturales ci-après :

1re année. — Jachère avec drainage, défonçage, marnage à raison de 100 mètres cubes par hectare de marne contenant 50 p. 100 de carbonate de chaux ou l'équivalent ; ou, à défaut de marne, chaulage à raison de 100 hectolitres aussi par hectare.

2e année. — Fourrages mélangés : vesces-maïs ou féveroles-vesces ; avec 60 mètres cubes de fumier de ferme par hectare.

3e année. — Blé avec trèfle.

4e année. — Trèfle.

5e année. — Blé.

6e année. — Betteraves et carottes avec 60 mètres cubes de fumier par hectare.

7e année. — Orge (45 litres de semence seulement par hectare) avec luzerne et 40 mètres cubes de fumier aussi par hectare.

8e, 9e, 10e, 11e, 12e et 13e années. — Luzerne. Au bout de la 13e année, cette partie du domaine entrera dans l'assolement régulier. La luzerne sera défrichée à l'automne, et, sur ce défrichement, il sera cultivé :

14e année (1re de l'assolement). — Partie en pommes de terre et partie en maïs.

15e année (2e de l'assolement). — Blé.

16e année (3e de l'assolement), avec 60 mètres cubes de fumier. — Pois, vesces ou fèves en maturité.

17e année (4e de l'assolement). — Blé avec trèfle.

18e année (5e de l'assolement). — Trèfle.

19e année (6e de l'assolement). — Blé.

20e année (7e de l'assolement). — Fourrages mélangés :

1° Maïs avec vesces, féveroles avec ou sans vesces, ou vesces avec avoine, et avec 40 mètres cubes de fumier à l'hectare;

2° Et sorgho sucré, avec 80 mètres cubes de fumier aussi à l'hectare.

21e *année* (8e de l'assolement). — Avoine avec trèfle.

22e *année* (9e de l'assolement). — Trèfle.

23e *année* (10e de l'assolement). — Blé.

24e *année* (11e de l'assolement) :

1° Moitié en topinambours avec 25 mètres de fumier à l'hectare ;

2° Et l'autre moitié en demi-jachères à cause du nettoyage du sol.

25e *année* (12e de l'assolement), avec 60 mètres cubes de fumier à l'hectare :

1° Moitié en colza après la jachère, avec semence de carottes au printemps au moment du dernier sarclage, récolte dite dérobée ;

2° Et moitié en betteraves après les topinambours.

26e *année* (13e de l'assolement et dernière). — Orge (avec 45 litres de semence et 48 mètres cubes de fumier à l'hectare) avec luzerne.

Cette série culturale successivement appliquée, chaque année une nouvelle partie du domaine y entrera ; en sorte qu'au bout de 26 ans, toutes les terres du domaine, après avoir produit de la luzerne, se trouveront, en leur lieu, dans l'assolement indiqué.

On voit que, dans ce système, la période de préparation dure treize années ; que l'assolement régulier n'est complet qu'au bout de treize autres années ; alors seulement l'assolement devient intensif. Or, comment le fermier pourrait-il suivre ce mode de culture s'il avait un bail de neuf ans ?

Mais ce n'est pas tout. Pour faire entrer les terres du domaine dans un assolement régulier et profitable, il faut d'abord les soumettre à une série de préparations successives, c'est-à-dire :

Purger le sol d'une humidité surabondante et constante, et, pour cela, faire des travaux de drainage qui souvent sont très-considérables ;

Mettre les terres à l'abri des ravages des inondations et pour cela établir des digues ;

Procéder au défrichement des parties du domaine qui présentent des conditions favorables pour la culture ;

Se procurer et diriger convenablement les eaux dont on peut

disposer pour arroser les terres qui sont trop sèches de leur nature;

Protéger, au moyen de clôtures, les produits de la ferme contre les déprédations des hommes ou des bestiaux et contre les ouragans ;

Marner, chauler et fumer à grands frais;

Entretenir un nombreux bétail, sans lequel l'exploitation serait compromise;

Enfin, construire des chemins pour faciliter le transport des champs à la ferme et de la ferme au marché ou à la gare.

On voit, par ce simple exposé, que les baux à long terme sont le plus souvent très-utiles et même indispensables dans l'intérêt de l'agriculture.

Mais il est évident que le législateur ne saurait les imposer, car il n'a, en aucune façon, le droit de substituer sa volonté à celle du propriétaire. Nous devons, en effet, proclamer bien haut la parfaite légitimité du principe posé par la loi de 1791, « que la durée et les clauses des biens des campagnes sont « purement conventionnelles. »

C'est donc au fermier à faire tous ses efforts pour obtenir un long bail.

D'un autre côté, le locataire fera bien de réclamer une prorogation et d'en prévoir les conditions par le bail lui-même.

Dans le mémoire déjà cité par nous, M. Villard conseille au preneur de faire insérer dans le bail une clause ainsi conçue : « Dans le cas où les preneurs useraient de la faculté qu'ils « ont de proroger ledit bail de treize années nouvelles, ils « devront en prévenir régulièrement le bailleur au moins un « an d'avance. Cette prorogation, durée de l'assolement alors « établi et fonctionnant régulièrement, aura pour but parti- « culier l'application dudit assolement sans modification, « sinon la faculté pour le fermier de substituer une plante « sarclée à une autre, une céréale à une autre, une plante « oléagineuse à une autre plante de même nature, une légu- « mineuse, sauf la luzerne et le trèfle, à une autre légumi- « neuse; mais à une condition toutefois, c'est qu'il ne résul- « terait aucune détérioration au fonds de la substitution d'un « produit à un autre produit. »

Une telle clause serait très-utile au fermier, mais il n'est pas toujours facile au locataire d'obtenir, lors de la rédaction d'un bail, la stipulation d'une prorogation.

La loi a dû prévoir le cas où, sans convention arrêtée d'avance, la location se prolongerait par voie de tacite reconduction, et nous avons vu plus haut que, d'après les art. 1774 et 1776, s'il s'agit d'un fonds dont les fruits se recueillent en entier dans le cours de l'année, le preneur est laissé en possession pendant un an : s'il s'agit de terres labourables se divisant par soles ou saisons, le preneur est laissé en possession pendant autant d'années qu'il y a de soles.

Cette disposition se justifiait parfaitement à l'époque où l'assolement triennal était en honneur ; mais aujourd'hui elle n'est plus suffisante et la loi devrait être mise en rapport avec les progrès accomplis en culture.

La modification de l'art. 1776 nous paraît indispensable et nous ajouterons qu'elle nous paraît facile.

Il semblerait naturel que la loi adoptât, pour base de la durée de la location par tacite reconduction, l'assolement prévu par le bail. Ainsi, avec une disposition de ce genre, lorsque, d'après le bail, l'assolement s'établirait en treize années, la location par toute reconduction durerait treize années ; lorsqu'il se ferait en six ans, la location ne durerait que six années. Cela serait éminemment juste ; les parties ne pourraient se plaindre de se trouver, aux termes de la loi, régies par des conventions qu'elles auraient arrêtées de leur propre volonté et dont elles seraient censées vouloir continuer l'exécution, puisqu'elles n'auraient pas profité de leur droit d'arrêter le cours du bail.

Dans le cas où l'assolement n'aurait pas été prévu par le bail, il y aurait lieu, suivant nous, de prendre pour base de la location par tacite reconduction l'assolement suivi par le locataire au su et vu du propriétaire, par conséquent accepté par ce dernier.

Une telle disposition serait favorable au domaine et à l'agriculture, puisque, en permettant au fermier qui continuerait la jouissance de suivre le même assolement, on profiterait des frais déjà faits, on éviterait de nouvelles dépenses d'assolement, on assurerait le produit de l'exploitation dans l'intérêt du fermier et l'augmentation de la valeur du domaine dans l'intérêt du propriétaire.

VI

De l'indemnité au fermier sortant.

Nous espérons avoir démontré l'utilité considérable des baux à long terme.

Il nous reste à rechercher s'il ne conviendrait pas d'indemniser le fermier, d'une manière quelconque, des dépenses d'amélioration faites par lui.

Certaines personnes prétendent que le moment n'est pas venu de songer à cette réforme, que nous ne sommes pas encore prêts à en apprécier la portée et qu'il faut attendre de nouveaux progrès en agriculture pour toucher à l'arche sainte de la législation actuelle.

De telles raisons, nous l'avouons sincèrement, ne sauraient nous toucher. Nous connaissons trop cet argument, qui consiste à repousser toute réforme comme prématurée, pour nous y arrêter un seul instant. Aux yeux de beaucoup de gens, tout est pour le mieux dans le meilleur des mondes possible, et le *statu quo* doit être soigneusement maintenu ; mais avec un tel système, l'humanité, frappée d'immobilité, rétrograderait bientôt.

Sans doute, il ne faut pas chercher à tout réformer inconsidérement, à bouleverser nos lois pour le seul plaisir de changer, sans savoir en quoi pourra être utile la réforme proposée.

Mais, lorsque les mœurs ont changé, lorsque les conditions de l'agriculture du commerce et de l'industrie se sont modifiées, lorsqu'une véritable révolution économique s'est opérée depuis que la loi existe, on comprend qu'il puisse être nécessaire de mettre la législation en rapport avec les habitudes et les besoins nouveaux. Or, comme le dit M. Pluchet dans son second rapport à la société des agriculteurs de France :

« L'époque des chemins de fer, l'époque de la télégraphie
« électrique, l'époque des échanges internationaux, qui en est
« la conséquence forcée, ont produit de tels changements
« dans les relations des différentes nations entre elles, et dans

« les rapports, dans les habitudes, dans les besoins des diffé-
« rentes classes de la société, qu'il en est résulté des nécessités
« économiques qui se révèlent dans tous les ressorts de chaque
« industrie, et en particulier dans celle qui fait vivre les peu-
« ples, dans l'agriculture. »

La première de toutes les nécessités qui se révèlent en agriculture est l'obligation, pour le fermier, de consacrer des capitaux considérables à son exploitation, s'il veut en tirer un
profit convenable.

Comment, en effet, le cultivateur pourra-t-il faire les frais
nécessaires pour l'achat des semences, pour les travaux de
culture, pour la fumure des terres, pour l'outillage agricole,
pour le renouvellement du bétail, pour le drainage et l'irrigation, pour les industries, accessoire naturel de l'exploitation de la ferme, s'il n'est pas à même de disposer d'un capital
plus ou moins important.

D'ailleurs, si le fermier peut, à la grande rigueur, exploiter les terres sans faire de grandes dépenses, il ne saurait, en
tout cas, ni obtenir sans capital des récoltes moyennes abon-
dantes qui atténuent, dans la limite du possible, les chances
mauvaises des saisons défavorables, ni lutter avec avantage
contre le renchérissement continu de la main d'œuvre.

D'un autre côté, les frais généraux sont proportionnelle-
ment d'autant moins élevés que le produit est considérable.

Enfin, le fermier qui peut employer dans son exploitation
un capital important peut faire chaque travail dans le temps
propice et paye les ouvriers moins cher, parce qu'il les emploie
d'une manière continue; il est, de plus, à même d'établir des
usines dans lesquelles il manipule, utilise et revend avec profit les résidus des produits de la terre.

Il est donc incontestable que, plus le capital dont peut disposer le fermier est considérable, moins les frais sont impor-
tants et plus le profit est grand.

Or, alors même que le fermier serait riche ou tout au moins
aisé, alors même qu'il aurait par devers lui des sommes suf-
fisantes qu'il pourrait consacrer à son exploitation, il se gar-
dera bien de les dépenser s'il n'a pas la garantie qu'à la fin du
bail il en recouvrera tout au moins une partie.

Dans le cas où le fermier n'aurait pas de capitaux à sa disposition, comment pourrait-il en trouver dans l'état actuel des choses? Quelle garantie pourrait-il donner au prêteur, si l'argent doit servir à enrichir le propriétaire seul? Qui serait assez imprudent pour fournir ses fonds dans de telles conditions au risque de les voir perdus pour le débiteur? Si l'on veut arriver à résoudre le problème si grave du *crédit agricole*, il faut, avant tout, donner au prêteur la garantie que le fermier sera mis en position de rembourser, soit sur les bénéfices de l'exploitation, soit sur l'indemnité représentative du profit tiré, en fin de bail, par le propriétaire, des améliorations faites par le fermier.

La réforme que nous demandons aurait encore cet avantage d'augmenter la valeur de la propriété foncière et par conséquent la prospérité nationale. Tout en tenant compte de la différence que produisent nécessairement, dans la valeur des domaines, la qualité plus ou moins inférieure des terres, leur position géographique, leur éloignement plus ou moins grand des voies ferrées et des cours d'eau navigables, il faut reconnaître qu'un héritage acquiert bien vite une plus-value sensible lorsque des améliorations y ont été faites. Par les travaux de fumure, par l'élève d'un nombreux bétail, par le drainage, le marnage, l'irrigation, les mauvaises terres deviennent fertiles et, par la construction de nouveaux chemins, par l'entretien continu de ceux existants, les débouchés deviennent plus faciles, les distances disparaissent pour ainsi dire, et les produits agricoles se répandent sans peine sur les grands marchés du monde entier. De là un profit plus considérable pour le fermier, la possibilité pour le propriétaire d'obtenir un loyer plus élevé, et, par suite, une augmentation de la propriété fermière, c'est-à-dire d'une partie considérable de la fortune publique.

« Sous la protection d'une mesure qui offrirait cette garan-
« tie au cultivateur, on verrait, dit M. Pluchet dans le rapport
« déjà cité par nous, celui-ci calculer avec confiance les résul-
« tats qu'il peut attendre des avances nécessaires à des amé-
« liorations qu'il n'aurait pas osé entreprendre sans la juste
« compensation de celles qu'il n'a pas amorties par sa jouis-
« sance. Son intérêt comme cultivateur et la part légitime
« qu'il saurait devoir lui revenir dans la plus-value que ses
« améliorations auraient acquise à la propriété, le guide-

« raient avec mesure et sûreté dans le perfectionnement de
« ses cultures, dans les travaux et dans les avances, des-
« tinés à porter le sol à un plus haut degré de fécondité, et,
« partant, à une valeur et à un revenu plus élevés. »

En présence de tels avantages, on pouvait espérer que la
question posée par la société des agriculteurs de France serait unanimment résolue en faveur du fermier. Il n'en a rien
été, et, si les réponses ont été en général favorables, de nombreuses objections ont été faites par un certain nombre de
personnes.

On a soutenu :

Que le principe de l'indemnité est inutile et que les conventions particulières suffisent ;

Qu'il ne pourrait convenir qu'aux longs baux ;

Qu'il serait un obstacle à la vente des immeubles ;

Qu'il serait une application regrettable des ressources pécuniaires du fermier ;

Qu'il donnerait lieu à de nombreux procès entre le propriétaire et le fermier ;

Que les améliorations ne représentent pas toujours, franc
pour franc, une plus-value foncière ;

Que cette plus-value, existât-elle, serait très-difficile à déterminer ;

Enfin que le payement de l'indemnité au fermier pourrait
être une cause de ruine pour le propriétaire.

Heureusement, ces objections sont faciles à réfuter et ne paraissent pas de nature à modifier la solution du problème
posé.

Le principe de l'indemnité n'est pas inutile, et les conventions particulières ne suffisent pas.

Ce qui le prouve, c'est qu'elles n'ont pas suffi jusqu'à ce jour ;
elles ont été jusqu'à présent impuissantes à faire le bien, pourquoi acquerraient-elles tout à coup cette faculté ? D'ailleurs, s'il
n'y avait rien de mieux à faire que ce qui existe, nous ne ver-
rions pas aujourd'hui la France, l'Angleterre et la Belgique
chercher un remède au mal.

Le principe de l'indemnité convient-il exclusivement, comme
on le prétend, aux pays à longs baux ?

C'est là tout simplement une hérésie, suivant nous. Sans doute, il est à désirer que le principe de l'indemnité soit partout appliqué; mais, s'il est un cas où il doive être plus précieux, c'est précisément lorsque le bail est de courte durée. En effet, dans un bail à long terme, le fermier peut recouvrer, par le bénéfice de l'exploitation, une partie des avances faites par lui pour l'amélioration du domaine. Dans un bail à court terme, au contraire, le fermier ne trouve dans la jouissance aucune indemnité de ses dépenses et, par conséquent, il a plus que jamais le droit de réclamer au propriétaire une partie tout au moins de la somme dont ce dernier se trouve enrichi.

Le principe de l'indemnité serait-il un obstacle pour la vente des immeubles?

C'est encore là, il faut le dire, une étrange objection; car on comprend difficilement comment la vente d'un immeuble, soigneusement entretenu et considérablement amélioré, pourrait être plus difficile que la vente d'un immeuble mal cultivé, et pour ainsi dire abandonné. Comme le fait avec raison observer M. Pluchet : « Si un propriétaire est assez heureux pour « rencontrer un fermier qui ait droit à l'indemnité dans ces « conditions, nous sommes persuadé que, loin d'avoir entravé « la vente de son domaine ainsi amélioré, le principe de l'in- « demnité l'aura rendue plus facile et plus avantageuse, puis- « qu'il sera appliqué en raison de l'augmentation réelle du « revenu de la propriété. »

L'indemnité est-elle une application *regrettable* des ressources pécuniaires du fermier?

Ceux qui parlent ainsi se font une idée bien peu exacte des besoins de l'agriculture. Comment peut-on soutenir que le fermier ait tort de faire des améliorations? Il vaut mieux, dit-on, entretenir que bâtir. Mais l'expérience démontre que le nouvel entrant ne recueille le plus souvent le fruit de ses avances qu'après avoir, par une double rotation de la fumure, augmenté la fumure des deux premières périodes d'un bail. D'un autre côté, toute négligence, toute fausse économie dans la culture entraîne plus tard des frais considérables, et, par conséquent, il n'est pas permis de ménager ses ressources actuelles sous peine de compromettre ses ressources futures.

On l'a dit depuis bien longtemps avec une grande vérité : la terre n'est pas avare envers celui qui lui consacre son labeur et son argent ; à moins de circonstances exceptionnelles, elle rend au centuple tout le bien qu'on lui fait. Et si ces circonstances défavorables se produisent, si la sécheresse, la pluie, la gelée, etc., détruisent la récolte, n'est-ce pas dans la puissance du sol multipliée par sa richesse que le fermier trouvera le moyen de se relever de ces funestes secousses ?

Le principe de l'indemnité au fermier sortant est-il, comme on le craint, de nature à amener de nombreux procès entre le propriétaire et le fermier ?

Nous ne le pensons pas. Nous croyons au contraire qu'il y aura beaucoup moins de sujets de contestation, lorsque le fermier se verra garanti contre la perte complète de ses avances. Le locataire songera à exploiter le domaine et non le propriétaire : s'il éprouve un certain préjudice de circonstances exceptionnelles et que ce préjudice ne soit pas très-considérable, il saura le supporter sans réclamation. D'ailleurs, pourquoi y aurait-il plus de procès entre le propriétaire et le fermier qu'entre le propriétaire et le manufacturier ? L'art. 1747 du Code civil prévoit le cas où une indemnité serait réglée par experts s'il s'agissait de manufactures, usines ou autres établissements qui exigent de grandes avances. Puisque le législateur ne s'est pas laissé arrêter dans ce cas par la crainte des procès, il n'y a pas de raison pour qu'il soit arrêté davantage par cette crainte en matière de baux à ferme.

Quant aux objections fondées sur ce que les améliorations ne représentent pas toujours franc pour franc une plus-value foncière et sur ce qu'il est souvent difficile d'apprécier la plus-value, elles ne doivent pas nous embarrasser.

Si l'on adopte le principe que l'indemnité à laquelle a droit le fermier sortant doit avoir exclusivement pour base la plus-value existant au profit du propriétaire, la première des deux objections disparaît complétement, puisque les experts n'auraient qu'à apprécier la plus-value, sans s'inquiéter du montant des sommes déboursées pour améliorations. Si l'on adoptait le principe contraire et si l'indemnité devait avoir pour se le montant des améliorations faites par le fermier, l'ob

jection disparaîtrait encore, puisque les experts, n'ayant par
à rechercher quelle serait la plus-value, n'auraient pas à rechercher davantage le rapport entre les dépenses faites et cette
même plus-value. Dans aucun cas, par conséquent, une telle
objection ne saurait avoir de valeur.

La seconde objection ne nous paraît pas mieux fondée. Il
est véritablement étrange de soutenir qu'il n'y a pas lieu
d'ordonner la réparation d'un dommage, parce que la fixation
de l'indemnité est difficile. Dans tous les cas où la loi donne
au juge mission de statuer sur la réparation du préjudice
souffert, elle lui confie une appréciation délicate. Lorsque,
dans l'art. 1747, elle charge les experts de régler l'indemnité
au locataire expulsé s'il s'agit de manufactures, usines ou autres
établissements qui exigent de grandes avances, elle sait bien
qu'il y a là une appréciation difficile à faire. Mais elle pense,
avec une certaine raison, qu'il vaut mieux courir la chance de
commettre quelques erreurs que de consacrer perpétuellement l'injustice. Avec le système de nos adversaires il faudrait supprimer d'un trait de plume, et la magistrature, et
les tribunaux administratifs, et les jurys d'expropriation ou
criminel, car l'homme est sujet à l'erreur, *errare humanum est;*
il faudrait laisser consommer les dilapidations, les délits et
même les crimes sans en poursuivre la réparation ou la ré-
pression dans la crainte que le juge ne soit pas infaillible.

On comprend que nous n'insistions pas davantage pour repousser une objection qui amènerait de telles conséquences.

Enfin est-il vrai que l'indemnité au fermier sortant soit de
nature à devenir une cause de ruine pour le propriétaire ?

Non certainement, car il dépendra des experts de ne pas
faire des évaluations trop élevées, hors de toute proportion
avec la valeur du domaine. Nous ajouterons que, dans le
système proposé par nous, et sur lequel nous nous explique-
rons plus loin, l'indemnité due au fermier diminuerait pour
ainsi dire à la volonté du propriétaire ; celui-ci n'aurait donc
pas à se plaindre du préjudice qu'il éprouverait de l'alloca-
tion au fermier d'une indemnité considérable.

Du reste, puisque certaines personnes accumulent objections sur objections pour faire repousser la réforme pro-

posée, il nous sera bien permis d'en faire une seule au système actuel.

Le refus d'indemniser le fermier a tout simplement pour résultat de consacrer une flagrante iniquité et de violer ce principe de morale universelle que nul ne doit s'enrichir aux dépens d'autrui. Que fait donc le propriétaire qui profite, sans bourse délier, des améliorations faites par le fermier, si ce n'est s'enrichir aux dépens de ce dernier ! De quel droit obtient-il un loyer plus important, grâce aux capitaux dépensés par le locataire, sans en tenir compte à ce dernier !

Nous avouons, pour notre part, que nous ne comprenons pas qu'on puisse soutenir et défendre un système qui produit de telles conséquences.

C'est ce que l'on a depuis longtemps compris en Angleterre, précisément le pays où une telle question semblait devoir être le moins favorablement accueillie.

En effet le *landlord* (propriétaire) a une espèce de suprématie féodale et le *tenant farmer* (fermier) est son subordonné hiérarchique ; aussi la législation anglaise accorde-t-elle tous les droits au *landlord* et n'attribue-t-elle au *tenant farmer* que la faculté de se ruiner. Elle se montre plus inexorable vis-à-vis du fermier que du locataire urbain et présente même à cet égard une singulière, nous pourrions dire, une scandaleuse anomalie. Si un homme élève sur le terrain un bâtiment quelconque, autre toutefois qu'une construction agricole, il peut, en s'en allant, la démolir et l'emporter : la loi lui en donne le droit ; et, dans le cas où le propriétaire se refuserait d'en faire l'acquisition, le locataire peut en vendre les matériaux à un tiers, ou les enlever pour s'en servir ailleurs. Mais, s'il s'agit d'un fermier ayant bâti sur la terre du *landlord*, quand il sort, il faut qu'il laisse les constructions qu'il a pu faire, sans avoir droit ni à les enlever, ni à en être payé.

On comprend que, dans de telles conditions, l'aristocratie anglaise devait s'opposer énergiquement à laisser le fermier tirer profit des améliorations faites par lui, en obtenir le remboursement total ou partiel et acquérir aussi son indépendance.

Mais les Anglais sont gens pratiques et, malgré les mœurs,

malgré la loi, ils ont compris la nécessité de protéger le fermier pour protéger l'agriculture. Dans plusieurs comtés, quelques lords ont attribué par le bail une indemnité au fermier pour améliorations non épuisées. On peut citer la propriété de lord Yarborough, qui comprend 24000 hectares, dans le nord du Lincolnshire, et où le droit à l'indemnité est bien établi.

« En Angleterre, disait M. Barral devant la commission su-
« périeure de l'enquête agricole, quand un fermier entre en
« possession, il est fait une expertise qui constate ce que
« vaut la propriété et ce qu'elle produit : si le fermier s'en
« va, il y a une nouvelle expertise, et le propriétaire doit lui
« payer la plus-value, s'il existe plus-value (1). »

Cet usage, adopté d'abord dans le Lincoln, s'est peu à peu répandu dans les comités environnants et tout le monde est d'accord pour reconnaître que les districts où il est admis sont les mieux cultivés de l'Angleterre (2).

Or, si la nécessité d'indemniser le fermier sortant a été reconnue en Angleterre où une telle proposition était en désaccord avec les mœurs et avec la loi, comment pourrait-elle ne pas être reconnue en France où les mêmes objections ne sauraient se produire ? Nous n'avons plus ni serfs ni seigneurs, les distinctions de classes tendent chaque jour à disparaître, et nous arrivons bien heureusement à comprendre que le capital et le travail sont également nécessaires à la production, que tous deux ont la même importance et la même utilité, que le capitaliste a besoin du travailleur, comme le travailleur a besoin du capitaliste, que tous deux ont par conséquent un égal intérêt à être intimement unis.

Mais il ne suffit pas de poser théoriquement le principe de l'indemnité au fermier sortant ; il faut surtout être pratique et rechercher comment ce principe doit être appliqué ; là est la difficulté.

En effet, de nombreux systèmes se trouvent en présence.

Les uns ont pour objet d'indemniser *par voie indirecte* le fermier des dépenses faites par lui pour améliorations pendant le cours du bail.

(1) *Enquête agricole.* — *Dépositions orales*, p. 14 et suiv.
(2) *Enquête agricole.* — *Documents recueillis à l'étranger*, t. I, p. 20, 21.

Les autres ont pour but de l'indemniser *directement* de ces mêmes dépenses.

Au nombre des premiers nous trouvons tout d'abord l'usage assez répandu en Danemark « d'accorder au fermier un droit « de préférence pour l'achat de la propriété tant que dure le « contrat de location (1). »

Nous trouvons également le système adopté par le célèbre agronome Mathieu de Dombasle et faisant l'objet de la clause suivante insérée dans le bail du domaine de Roville :

«Le bail étant réglé pour 20 ans, si, à son expiration, le « preneur notifie au bailleur qu'il entend lui faire une aug- « mentation de 1,000 francs de fermage et que celui-ci accepte, « le bail sera prorogé pour 20 autres années; s'il refuse, au « contraire, il sera obligé de payer une somme de 10,000 « francs au preneur, comme indemnité des améliorations faites « sur le domaine, et que celui-ci, par son offre, estime à 1,000 « francs de rente. Si, après le refus du bailleur, le premier « croit que ses améliorations valent plus de 1,000 francs de « rente d'augmentation, il pourra offrir 500 francs de plus, « l'acceptation du bailleur entraîne la prorogation de 20 ans de « ferme ; son refus le soumet au payement de 15,000 francs « d'indemnité pour les 1,500 francs de rente dont la valeur de « son domaine s'est accrue.

« Après le second refus du bailleur, nouvelle offre de 500 « francs d'augmentation, ce qui porte le total de l'augmen- « tation à 2,000 francs, si le preneur le trouve convenable, et « le refus du bailleur entraîne le payement de 20,000 francs « d'indemnité.

« Cette sorte d'enchère reste ouverte entre les deux parties « et n'est définitivement terminée qu'après qu'une notifica- « tion est restée un mois sans réplique. »

Ce système a été soutenu également par M. Barral dans sa déposition devant la commission supérieure de l'enquête agri- cole, mais pour le cas seulement où le propriétaire ne pour- rait pas payer.

Enfin, il est admis par M. de Gasparin, qui le regarde comme le seul possible dans certaines contrées, quoiqu'il préfère en

(1) *Enquête agricole.* — *Documents recueillis à l'étranger,* t. I, p. 445

principe général le système de l'indemnité directe accordée au fermier (1).

Quant à ce dernier système, il est très-nettement soutenu dans le projet de loi présenté en 1870 par M. Gagneur, projet d'après lequel, comme nous l'avons vu, le propriétaire tient compte au fermier des 2/3 de la plus-value.

Il est, en outre, ainsi développé par M. Villard dans le projet de bail dont il fait suivre son étude sur les baux à ferme :

Partage des améliorations foncières à l'expiration du bail; — visites ou états de lieux à l'entrée et à la sortie des preneurs.

« Par suite de la création et de la mise en pratique de l'as-« solement précité, toutes les améliorations foncières ayant « pour résultat d'accroître la valeur du domaine, qui seront « faites par lesdits preneurs pendant la durée du bail, seront « partagées, quant à la mieux-value foncière, intrinsèque, « qu'elles donneront audit domaine, entre ces derniers et le « bailleur.

« A cet effet, une visite ou état de lieux sera fait, à frais com-« muns, dans les deux mois de l'entrée en jouissance, par « deux experts-arbitres nommés, l'un par ces derniers et l'au-« tre par le bailleur. En cas de désaccord entre eux, lesdits « experts s'en adjoindront un troisième pour les départager : « et, s'ils ne s'entendaient pas sur ce choix, il sera fait par le « président, en son absence ou à son défaut, par le vice-pré-« sident du comice agricole de la circonscription; ou enfin, à «défaut de l'existence d'un comice, par le président du tri-« bunal de première instance de l'arrondissement, et ce, sur « la demande de celui desdits experts arbitres qui sera le « plus diligent.

« Lesdits experts, dans un rapport détaillé, dont un origi-« nal sera remis à chacune des parties, constateront avec « soin :

« 1° L'état des bâtiments, des cours, des plantations, des « emplacements, chemins, haies, fossés, clôtures, etc.;

« 2° La nature et le classement des terres (2);

(1) *Le fermage*, p. 165.
(2) « Pour cela, si le domaine n'est pas divisé, ils le diviseront en 19 par-« ties égales en surface cultivable pour régler l'assolement, avec, ensuite, « toutes les subdivisions qu'ils jugeront utiles pour déterminer la nature et « le classement de chacune desdites parties. »

« 3° L'état cultural de chaque portion desdites terres ; la
« nature des ensemencements qui s'y trouvent ;

« 4° Le mode d'assolement, la nature des produits et le
« mode de fumure des deux dernières rotations ou au moins
« de la dernière rotation ; les amendements qui y ont été
« employés, même antérieurement, à quelle époque et dans
« quelles proportions : chaux, marne, phosphate de chaux,
« et si le sol a été défoncé ;

« 5° La configuration générale du sol, les proéminences,
« aspérités, dépressions, humidités ; la nature ou composi-
« tion du sol et les accidents de toute nature pouvant s'y
« trouver ;

« 6° L'état et la nature des clôtures, l'état des chemins,
« ruisseaux, fossés, sources, mares, cours d'eau, ponts et
« ponceaux, les bornes, les plantations etc. Toutefois le bail-
« leur devra livrer en bon état aux preneurs les bâtiments,
« cours, chemins, sans être tenu d'empierrer les parties qui
« ne le sont pas, ainsi que les ports, ponceaux, fossés, haies
« et clôtures.

« Quant aux terres, ils les prendront dans l'état où elles
« se trouveront.

« En un mot, en outre, tout ce que lesdits experts jugeront
« utile de constater pour établir exactement et avec le plus
« de précision possible, l'état du domaine au moment de la
« prise de possession des preneurs.

« Pareille opération et par le même mode sera faite dans le
« mois qui précédera l'expiration du bail et la sortie desdits
« preneurs. La comparaison des deux résultats établira s'il y
« a eu ou non des améliorations foncières et leur importance.
« Lesdits experts-arbitres, nommés de nouveau à cet effet, et
« à frais communs, établiront le quantum de la mieux-value
« que lesdites améliorations auront donnée au domaine, sans
« qu'ils aient à se préoccuper ou à tenir compte de ce qu'elles
« auraient pu coûter.

« Et la moitié de cette mieux-value, qui reviendra auxdits
« preneurs, sera d'abord imputée sur les reliquats arriérés,
« s'il en existe, de leurs fermages, puis sur le dernier terme,
« puis enfin le surplus, s'il y en a, leur sera soldé, sans inté-
« rêts, par le bailleur dans le courant de l'année de leur sor-
« tie. »

Nous repoussons, pour notre part, les différents systèmes ayant pour but d'indemniser le fermier, par *voie indirecte*, des dépenses faites par lui pour améliorations pendant le cours du bail.

L'usage, répandu en Danemark, d'accorder au fermier un droit de préférence pour l'achat de la propriété, tant que dure le contrat de location, présente, suivant nous, un grave inconvénient : celui de mettre le fermier dans cette alternative, ou de perdre tout le fruit des dépenses déjà faites par lui pour améliorations, ou de disposer d'un capital considérable. Or, il arrive fréquemment qu'un fermier a les fonds nécessaires pour les frais de l'exploitation et pour les dépenses d'améliorations, mais n'a pas le capital représentant la valeur entière du domaine. Un tel système ne saurait donc protéger efficacement les intérêts légitimes du fermier.

Le système de Mathieu de Dombasle ne nous paraît protéger suffisamment ni le propriétaire ni le fermier.

Le propriétaire peut être lésé, car s'il voulait rentrer dans la possession de son domaine, il pourrait être tenu de payer au fermier, qui n'aurait pas amélioré et qui, par enchère, offrirait une augmentation de fermage, une indemnité considérable, ce qui ne serait pas équitable. D'un autre côté, les baux à surenchère sont préjudiciables au propriétaire dans le cas où il y a détérioration du domaine par le fait du fermier ; car alors, le propriétaire est, à perpétuité, dans l'impossibilité de tirer son domaine des mains de son fermier, sans des indemnités ou sans un procès.

Le fermier, lui aussi, peut être lésé. En effet, s'il renouvelle son bail, il perdra non-seulement l'augmentation résultant de la progression naturelle des fermages, mais encore celle résultant de ses avances et, alors, il enrichira le propriétaire à ses dépens ; si, au contraire, il abandonne son exploitation, il perdra le bénéfice des améliorations faites par lui et enrichira également le propriétaire à ses dépens.

Comme le dit avec raison M. de Gasparin : « On obvie à « tous ces inconvénients par le système des indemnités fixées « d'avance. » Lui seul doit donc être adopté.

Quant à la question de savoir comment les améliorations pourront être ou devront être évaluées, c'est là une question technique qui ne peut être résolue d'avance, pour tous les cas, d'une manière uniforme. D'ailleurs, de nombreux ouvrages publiés, soit en France soit en Angleterre, enseignent les principales données de la science agricole à cet égard. Ainsi, les travaux de MM. de Gasparin en France, J.-B. Lawes, Schauw et Corbet en Angleterre, fourniraient au besoin, aux experts nommés par les parties, de précieuses indications.

Il est un seul point qui doit être très-nettement posé et résolu d'une manière générale, c'est que les experts n'ont à tenir compte que de la plus-value, c'est-à-dire de la somme dont le propriétaire se trouve enrichi par le fait du fermier. Autant il est juste que le propriétaire ne profite pas, sans indemnité, d'une augmentation de valeur due au travail et aux dépenses du fermier, autant il serait injuste qu'il payât, même une partie seulement des dépenses qui ne lui procureraient aucun bénéfice. Il ne faut pas qu'un fermier téméraire et imprudent puisse entraîner le propriétaire à lui rembourser des frais inutiles, des essais infructueux, peut-être mal compris, qui n'augmentent en rien ni la valeur vénale ni le revenu du domaine.

C'est donc en ce sens que devraient être rédigées les conventions qui interviendraient entre le propriétaire et le fermier entrant.

Mais doit-on subordonner l'indemnité pour le fermier à l'existence d'une clause spéciale dans le bail, ou insérer dans la loi une disposition attribuant ce droit au fermier, en l'absence de toute clause spéciale? Sera-t-il permis aux parties de déroger, par une stipulation du bail, au principe de l'indemnité ?

Telles sont les questions qu'il nous reste à examiner.

Nous savons parfaitement que beaucoup d'excellents esprits voudraient laisser au propriétaire et au locataire toute liberté de faire telles conventions qu'ils jugeraient convenables.

Mais nous nous demandons pourquoi la loi permettrait au propriétaire de s'enrichir aux dépens du locataire. Est-ce que, dans beaucoup de cas, le législateur n'a pas prohibé toute stipulation contraire aux dispositions édictées par lui? Est-ce qu'en matière de testament ou de donations entre-vifs, la loi n'a pas enchaîné, dans une certaine limite, la liberté du testateur ou du donateur pour garantir les intérêts de ceux auxquels elle accordait des droits réservataires? Est-ce qu'elle n'a pas enchaîné également, dans une certaine limite, la volonté des futurs époux rédigeant leur contrat de mariage? Est-ce qu'elle n'a pas interdit toute convention contraire aux garanties stipulées dans l'intérêt des mineurs, des interdits, des femmes mariées? Est-ce qu'elle ne déclare pas nulle toute condition potestative insérée dans une convention, bien que cette convention soit consentie par les deux parties? Est-ce que, en matière de bail par exemple, elle autoriserait le propriétaire et le locataire à stipuler que le premier devra fournir et entretenir la chose louée sans que le second soit tenu de payer son loyer, ou que le locataire devra le prix de sa location sans que le propriétaire soit obligé de lui procurer la jouissance de la chose faisant l'objet du bail?

Non, sans doute. Eh bien, nous ne voyons pas pourquoi elle autoriserait le propriétaire à profiter d'une clause spéciale pour jouir, sans bourse délier, des améliorations faites par le fermier. Comment! le propriétaire aurait un domaine plus ou moins bien entretenu par le précédent locataire, il le livrerait en cet état au fermier; celui-ci, par son travail et ses capitaux, arriverait, dans le cours du bail, à augmenter le revenu et la valeur vénale du domaine d'un quart, d'un tiers, de la moitié; le propriétaire se trouverait plus riche de 50,000 fr., de 75,000 fr., de 100,000 fr., et il pourrait refuser toute indemnité au fermier sous prétexte qu'il aurait eu l'habileté de glisser dans le contrat de location une clause lui permettant de s'enrichir aux dépens d'autrui! La loi ne saurait, suivant nous, consacrer une telle injustice!

Quel inconvénient résulterait donc de notre système! M. Fowler, membre du Parlement, le disait avec raison, lorsque la question s'est présentée à la chambre centrale d'agriculture tenue à Londres. « La loi doit être obligatoire pour « tous, et nul ne peut être admis à contracter en dehors de ses « prescriptions. » Il n'est pas prudent de laisser à une partie le droit trop absolu de prendre dans ces lois ce qui lui plaît et de repousser ce qui peut lui être défavorable. La loi doit être l'équité écrite; quand elle a adopté un principe basé sur la justice, quand elle a mis en pratique le sage précepte, *suum cuique tribuere*, elle doit défendre son œuvre et en maintenir énergiquement l'observation.

Si nous insistons sur ce point, c'est que, dans le système contraire, la loi serait, sans aucun doute, perpétuellement éludée.

Lors de la grande enquête française, M. Suin, ancien magistrat, président de la Commission supérieure, s'exprimait ainsi : « Dans la plupart des départements, notamment dans « ceux où j'ai eu l'honneur de présider la commission d'en- « quête, on a, en effet, exprimé le vœu que les améliorations « profitassent au fermier, en ce sens, qu'à la fin du bail, les « propriétaires fussent obligés de payer une certaine somme « pour la plus-value ou au moins qu'elle donnât lieu à un « partage. Il a été répondu que ce règlement serait très-dif- « ficile et ferait bientôt l'objet d'une clause de style dans tous « les baux, car il n'y a pas de loi supérieure à la volonté du « propriétaire et à celle du fermier quand ils font une con- « vention ; les conventions sont la loi des parties. Eh bien, « dans tous les baux vous verrez s'introduire cette clause que « le fermier n'aura rien à réclamer au propriétaire à la fin « du bail sous prétexte de plus-value. Comme cette conven- « tion n'est contraire ni à la loi ni aux bonnes mœurs, elle « sera certainement exécutée, et les propriétaires, pour éviter « toute discussion avec leurs fermiers, ne manqueront pas de « l'insérer dans le bail.

« Cette clause deviendra de style et les notaires la mettront « même d'office dans l'acte, sans que cela leur soit demandé.»

Étrange argument qui se reproduit en réponse à toute proposition nouvelle ! Toujours les difficultés pratiques mises en avant comme devant rendre illusoire le progrès réclamé ! Donnons-nous donc quelque mal pour utiliser les bonnes idées plutôt que de les déclarer inexécutables.

Le meilleur, disons mieux, le seul moyen de réaliser la réforme demandée « dans la plupart des départements, » est de ne pas permettre au propriétaire de rentrer dans des habitudes routinières et intéressées.

Du reste, la société des agriculteurs de France semble avoir voulu donner raison à ce système, lorsque, dans sa session de février, elle a repoussé le principe de l'indemnité au fermier sortant. Quand on voit un aussi grand nombre

d'hommes considérables et parfaitement compétents repousser ce principe, on est bien obligé de se demander s'ils ne se
sont pas laissé entraîner malgré eux par ce qu'ils ont cru être
leur intérêt de propriétaire. On ne peut remarquer sans tristesse qu'en Angleterre le conseil de la chambre centrale d'a-
griculture a voté à l'unanimité le principe de l'indemnité
pour le fermier, et qu'en France, ce même principe a été repoussé par la plus grande Société d'agriculture.

Pourquoi donc le législateur ferait-il aujourd'hui des difficultés pour consacrer le droit du fermier et en assurer l'exer-
cice, alors que, dès avant 1789, les auteurs les plus estimés
lui attribuaient ce droit ? « Si un fermier, dit Domat, a fait
« des améliorations dont il ne fût pas tenu, comme s'il a
« planté une vigne ou verger, ou qu'il en ait fait d'autres
« semblables qui aient augmenté le revenu, il les recouvrera
« suivant la règle expliquée en l'art. 17 de la section X du
« contrat de vente (1). »

Il nous semble qu'il y aurait, pour le législateur, un moyen
pratique de rendre plus fréquents les baux à long terme sans
les imposer au propriétaire, et de garantir les droits du fermier sans léser les intérêts du bailleur.

Ce serait d'ordonner que la quotité de la plus-value à laquelle aurait droit le fermier sortant serait d'autant moins
forte que le bail serait plus long.

Nous laissons aux hommes spéciaux le soin d'apprécier
quelle quotité de la plus-value devrait être remboursée au fermier. Mais, en supposant qu'avec un bail de 9 ans seulement
elle dût être de 80 p. 100, nous voudrions qu'elle dimi-
nuât de 5 p. 100 par période de trois années. Ainsi elle serait :

---

(1) *Les lois civiles*, livre 1, titre IV, sect. VI, 5. L'art. 17 de la section du
contrat de vente est ainsi conçu : « Dans l'estimation des dépenses faites par
« l'acquéreur d'un héritage pour l'améliorer, comme s'il y fait un plant, il
« faut compenser avec ces dépenses les fruits provenus de l'amélioration, et
« qui auront augmenté le revenu de cet héritage. De sorte que si les jouis-
« sances de ces fruits acquittent le principal et les intérêts des avances faites
« pour améliorer, il n'en sera point dû de remboursement, car il suffit à
« l'acheteur qu'il ne perde rien. Et si les jouissances sont moindres, il re-
« couvrera le surplus de ces avances en principal et en intérêts ; car il ne
« doit rien perdre ; mais si les jouissances excèdent ce qui pourrait lui être
« dû de remboursement, il en profitera. »

De 80 p. 100 pour un bail de 9 ans.

75 p. 100	—	12
70 p. 100	—	15
65 p. 100	—	18
60 p. 100	—	21
55 p. 100	—	24
50 p. 100	—	27
45 p. 100	—	30
40 p. 100	—	33
35 p. 100	—	36
30 p. 100	—	39
25 p. 100	—	42
20 p. 100	—	45
15 p. 100	—	48
10 p. 100	—	51
5 p. 100	—	54

En cas de bail ayant plus de 54 ans de durée, il ne serait plus dû aucune indemnité au fermier.

Avec ce système, le propriétaire aurait intérêt à faire des baux à long terme, puisque, grâce à eux, il acquerrait, sans bourse délier pour ainsi dire, le fruit des améliorations faites par son fermier et, par suite, l'objection, tirée de la difficulté pour le propriétaire de payer une somme peut-être considérable, tomberait d'elle-même.

Le fermier ne craindrait plus de faire des dépenses utiles, puisqu'il serait sûr de les recouvrer, soit par les bénéfices de l'exploitation, soit par l'indemnité que lui alloueraient les experts.

Les domaines augmenteraient de valeur : au profit du fermier qui en recueillerait les fruits ; au profit du propriétaire qui, à la sortie du fermier, pourrait tirer avantage et de l'augmentation de la valeur vénale et de l'augmentation de la valeur locative.

Enfin, la prospérité de l'agriculture et, par suite, la prospérité du pays tout entier seraient le résultat du système nouveau.

VII

Des droits d'enregistrement du bail.

Les droits d'enregistrement du bail ont été l'objet de plusieurs critiques, soit au point de vue de la quotité du droit, soit au point de vue du mode de perception.

M. Gagneur, membre du Corps législatif, demandait, dans son projet de 1870 : que les droits d'enregistrement sur les baux à ferme de plus de neuf années se calculassent en proportion décroissante de la durée de ces baux (1).

Lors de l'enquête agricole, M. Barral faisait la même proposition, et M. Du Miral, rapporteur de la sous-commission spéciale, émettait le vœu que le droit d'enregistrement fût réduit de moitié pour la deuxième période des baux à long terme (2).

D'un autre côté, M. Du Miral proposait dans son rapport que, pour les baux de dix-huit ans par exemple, le droit fût divisé en deux parties ; que la première moitié fût payée lors de l'enregistrement du bail, et la seconde moitié au bout de neuf années de jouissance.

M. Gagneur, dans le projet de loi déjà cité par nous, et M. Barral, dans sa déposition devant la Commission supérieure de l'enquête agricole, demandaient que, dans tous les cas, les droits d'enregistrement fussent payés, année par année, comme cela se pratique pour la propriété foncière.

En ce qui concerne la quotité du droit, nous serions, comme MM. Barral et Gagneur, d'avis que les droits d'enregistrement devraient se calculer en proportion décroissante de la durée des baux à ferme. En effet, on ne saurait, suivant nous, trop encourager les baux à long terme, et le meilleur moyen de les rendre plus fréquents est incontestablement de les rendre moins onéreux.

En ce qui concerne le mode de perception du droit, il a

(1) Voir, ci-dessus, l'art. 6 de ce projet.
(2) *Dépositions orales*, p. 15 et suiv. — *Documents généraux*, tome IV, p. 403.

déjà été donné en partie satisfaction aux vœux émis. D'après l'art. 11, § 7, de la loi du 23 août 1871 :

« Si le bail est de plus de trois ans et si les parties le requiè-
« rent, le montant du droit peut se fractionner en autant de
« payements égaux qu'il y a de périodes triennales dans la
« durée du bail. Le payement des droits afférents à la pre-
« mière période est seul acquitté lors de l'enregistrement
« ou de la déclaration, et celui des périodes subséquentes a
« lieu dans le premier mois de l'année qui commence cha-
« que période. »

Mais nous croyons que le législateur pourrait aller plus loin et décider, comme le demandaient MM. Gagneur et Barral, que le droit sera payé par année.

Pour établir le montant des droits à payer, on additionne le montant du loyer que devra le locataire pour toute la durée de son bail ou pour une période de trois années. Or, pourquoi l'administration ne percevrait-elle pas le droit sur le loyer de l'année? Les autres impôts payés par le locataire, qui sont basés, comme le droit d'enregistrement, sur la valeur de la location, se règlent par annuités ; on s'explique donc difficilement pourquoi l'enregistrement se paye d'avance pour toute la durée de la jouissance ou même pour une période de trois ans.

Du moment où la loi autorise le payement du montant du droit en plusieurs fractions, il n'y a pas de raison pour qu'elle n'en établisse pas la perception par annuité.

VIII

Conclusion.

En résumé nous demandons :

Que l'art. 1716 du Code civil soit abrogé, car il n'y a pas de raison pour que le législateur accorde plus de confiance à la parole du propriétaire qu'à la parole du fermier ;

Que l'art. 1773 soit modifié, car il n'est pas juste que le propriétaire conserve le droit de réclamer la totalité du loyer, lorsque, par suite d'un cas de force majeure, le locataire est privé de la jouissance de tout ou partie du domaine affermé;

Que les articles 1774, 1775 et 1776 soient modifiés, parce que le délai fixé aujourd'hui pour la durée de la jouissance en cas de tacite reconduction n'est plus suffisant en raison des modes nouveaux de culture ;

Que les propriétaires se décident à faire des baux à long terme qui, de l'avis de tous les hommes compétents, sont seuls capables de sauvegarder les intérêts du fermier et du propriétaire ;

Que la loi attribue au fermier sortant une indemnité pour la plus-value résultant des améliorations faites par lui, et que cette indemnité soit d'autant moins élevée que le bail serait plus long.

FIN.

TABLE DES MATIÈRES

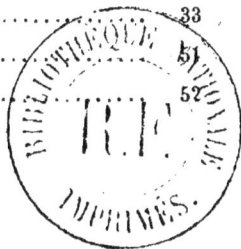

www.ingramcontent.com/pod-product-compliance
Lightning Source LLC
Chambersburg PA
CBHW070806210326
41520CB00011B/1850